Hermann Mayer

Auf der Suche nach Sinn und Hoffnung

Offene Gemeinde

Band 26

Herausgegeben vom Institut der Orden
für missionarische Seelsorge
und Spiritualität, Frankfurt/Main

SONDERDRUCK
im Auftrag der Abt. Erwachsenenseelsorge
im Bistum Mainz

Hermann Mayer

Auf der Suche nach Sinn und Hoffnung

Glaubensgespräch
im kleinen Kreis

Lahn-Verlag Limburg

ISBN 3-7840-1028-8

Inhaltsübersicht

Einführung

»Wir müssen versuchen, uns und den Menschen, mit denen wir leben, Rechenschaft zu geben über die Hoffnung, die in uns ist« (1 Petr 3,15). So steht es in der Synodenvorlage »Unsere Hoffnung«.

Ohne Zweifel ist die Suche nach dem Sinn des Lebens und dem Grund der Hoffnung in einer zukunftsorientierten Welt von besonderer Bedeutung.

Ein Mosaik von Hinweisen, ein ganzes Geflecht von Beweggründen ist nötig, damit wir in einer schnell sich wandelnden Welt festen Boden unter den Füßen behalten.

Glauben und Hoffen kommen vom Hören der Botschaft. Aber das ist nicht der einzige Weg. Die nachkonziliare Kirche hat das synodale Element wiederentdeckt. Durch das Konzil ist der Dialog als Mittel der Wahrheitsfindung aufgewertet. So ist es folgerichtig, daß das Glaubensgespräch im kleinen Kreis in den letzten Jahren an Bedeutung gewonnen hat.

Rechenschaft über den Grund unserer Hoffnung im Kreis Gleichgesinnter zu geben, ist wertvoll. Die Ausführungen dieses Buches sind die Frucht solcher Gespräche. Sie wollen Gesprächskreise anregen, die Aussprache in Gang bringen, und zum Weiterdenken motivieren.

Es handelt sich nicht um ein Glaubensbuch mit dem Anspruch auf Vollständigkeit. Vielmehr werden Themen aufgegriffen, die für den christlichen Lebensvollzug wichtig erscheinen und deshalb gefragt sind.

So möge das Buch vor allem Familienkreisen, aber auch Gesprächskreisen, die unter anderer Flagge zusammenkommen, dienlich sein.

Hermann Mayer

Erstes Kapitel

Fundamente

1. Der Grund unserer Hoffnung — Versuch einer Kurzformel

Wir sind nicht einem blinden Gefüge von Schicksalskräften ausgesetzt. Es gibt ein unüberbietbares Geheimnis, das ganz und gar Wirklichkeit ist, und das wir Gott nennen. Dieser Gott will unser Heil — auch wenn wir oft nicht einsehen, warum seine Fügungen und Zulassungen gut sind. Nach seiner Verheißung erfahren wir im Lichte des Todes, warum unsere Lebensgeschichte sinnvoll war.
Dieser Gott ist uns nahe. Besonderes Zeichen und Beweis dafür ist Jesus Christus. Er trat in die Geschichte ein und wurde Mensch wie wir alle. Aber bald zeigte sich, daß er mehr ist als wir: er sprach Worte, die — trotz allen Widerspruchs — nicht mehr vergessen werden und nicht mehr verwischt werden können.
Er setzte Zeichen, die wir Wunder nennen. Keiner vor ihm hatte sie je bewirkt. Er brachte neue Beweggründe für mitmenschliches Verhalten, die in ihrer Radikalität bisher unbekannt waren. Er setzte sich gleich mit dem,

der in der Not ist, und machte unsere Hilfe zur Bemessungsgrundlage bei der Bewertung des Lebens.
Schließlich ging Christus freiwillig in den Tod. Er büßte damit für die Schuld der Welt. Aber er kam in diesem »Tal« nicht um. Er hatte die Kraft, den Tod in ein neues Leben umzuwandeln und damit einen Weg zu bahnen, den wir alle gehen können.
Die neue, österliche Wirklichkeit ist seitdem Hoffnung des Christen. Wie das Weizenkorn in die Erde fällt und verwest, so ist das Ende unseres Lebens. Aber wie dieses Korn neue Frucht bringt, so kann durch Christus auch unser Leben verwandelt werden.
Es gibt eine Erfüllung unserer Sehnsucht nach Frieden, Gerechtigkeit, Liebe, nach Leben ohne Grenzerfahrung des Todes, nach Einheit und Gemeinschaft.
Das Leid der Welt bedrückt uns. Aber wir bleiben in der Hoffnung, die uns vor Verzweiflung und Vermessenheit bewahrt; denn wir können glauben, daß Gott der Vater ist. Er schneidet am Weinstock, aber nicht aus Schikane, sondern um der größeren Reife willen. Unser Glaube ist deshalb eine vertrauensvolle Beziehung zum Vater, der uns in Christus begegnet und im Hl. Geist weiter in uns wirkt, besonders aber da, wo zwei oder drei in seinem Namen versammelt sind.

2. Der moderne Mensch und die Gottesfrage

Das Geheimnis des unüberbietbaren Gottes war für die Menschen aller Zeiten mit Fragen verbunden. Es fehlen uns die Begriffe, um die Wirklichkeit Gottes, des Unaussprechlichen, des Nicht-Gegenständlichen zu erfassen.
Wir Menschen suchen nach bildhaften Darstellungen, aber wir gelangen dabei nie zur Vollkommenheit. Oft sind es auch nur Klischees aus der überkommenen Kinderkatechese.

Gefährlich wird es, wenn man Gott zu einem Weltpolizisten macht, zu dem großen Lückenbüßer, dem Etikett, das alle Rätsel des Lebens überdeckt. Oder ihn herabspielt zu einem Opa, dem die Weltregierung längst über den Kopf gewachsen ist.

Entwicklung des Gottesbildes in der Schrift

Nur durch die Heilige Schrift können wir dem Geheimnis Gottes näherkommen. Bei genauerem Hinsehen erfahren wir, daß das Gottesbild der Schrift mit der Geschichte Israels wächst und reift. »Der Name Gottes taucht in Israel in verschiedenen Erzählungen auf, die weitererzählt, tiefer verstanden und in wechselnden Lebenssituationen neu interpretiert wurden, die von der Glaubenskraft unzähliger Generationen sozusagen aufgeladen wurden« (Osterhuis).

Völker haben Entwicklungsphasen wie Kinder. So wachsen auch die Begriffe und Vorstellungen. Am Anfang schildert Israel seinen Gott noch wie einen »Kriegshelden«, der die schwächeren Götter der Nachbarvölker überwindet, der »kreischend, wie eine gebärende Frau« drauflosschlägt. Gott, der rachsüchtig mit den Plagen in Ägypten wütet. Er erscheint kleinlich und strafend. Aber dann hellt sich das Bild auf. Der menschenfreundliche Gott wird sichtbar. Immer mehr entwickelt er sich zum Befreier aus dem Sklavenjoch. Es wird deutlich, daß er Gedanken des Friedens denkt, er ist der Geduldige, der vergibt. Gott operiert nicht mehr mit der Macht. Er geht mit seinem Volk in die Verbannung. Nur der »heilige Rest« kennt ihn noch. Es wächst eine ganz neue Vorstellung: Gott als Knecht, der sich dienend entäußert.

In Jesus Christus sichtbar geworden

Wer Christus sieht und beobachtet, der sieht auch den Vater. Zunächst ist da ein Mensch wie wir alle. Aber bei seinem öffentlichen Auftreten wird sichtbar, daß er nicht nur der Sehnsucht nach die Dimensionen des Irdischen überschreitet ... Er setzt Zeichen, die wir Wunder nennen. Keiner kann sie nachahmen. Er spricht Worte, die umstritten sind, die aber aus dem Gewissen der Welt nicht mehr verwischt werden können. Und dann übt er eine Liebe, die alle menschlichen Motive überschreitet und insofern neu ist.

Da ist ein Gott, der ohne den äußeren Glanz der Großen dieser Welt auftritt. Einer, der Freiheit läßt und niemanden zwingt. Ein Gott, der um Nachfolge bittet, der Wege anbietet — ohne sie völlig auszuleuchten. Ein Gott schließlich, der in einen menschlichen Konflikt verwickelt wird, der scheitert und als Verbrecher hingerichtet wird. Ein Gott, der für seine Anhänger zum Skandal wird, aber gerade in diesem Scheitern am Kreuz Unvergleichliches für die Menschen erreicht.

Indem er alles leidet, was Menschen leiden können, hilft er über Angst und Selbstentfremdung hinweg.

Das Mühen um das rechte Gottesbild

Es gab Zeiten, da wußten die Herrschenden, die Kaiser und Könige genau, wie Gott ist. Sie vereinnahmten ihn. Ihre Herrschaft kam von Gott. Der Erstbeweger war für die Unbeweglichkeit der Verhältnisse zuständig. — Wer das Gottesbild der Schrift in sich aufnimmt und es meditiert, der findet ein anderes Bild. Im Psalm 115 heißt es: »er läßt sich erweichen«. Ganz nahe ist uns Gott durch dieses Wort.

Gerade die freiheitsliebenden Menschen unserer Zeit übersehen, daß das Angebot der Freundschaft auch das Risiko der Freiheit einschließt. Also ist es ungerecht, den Gott, der uns einen großen Anteil an der Entwicklung der Welt überlassen hat, für alle Katastrophen und Pannen verantwortlich zu machen. Es ist schwer zu begreifen, daß der Abfall von Gott auch in der Schöpfung Folgen hatte. Für viele heute ist es schwer einzusehen, daß Gott nur gut sein kann.

Anregungen für das Gespräch:

1. Lassen sich Gottesfurcht und Gottesliebe vereinbaren?
2. Wie sieht mein persönliches Gottesbild aus, von woher ist es geprägt?

---

3. Glauben heute: Reifungsstufen, Schwierigkeiten, Argumente

(Joh 4,46—53)
»Wer glaubt, hat das endgültige Leben.« — Diese Grundaussage der Schrift bestimmt das Leben des Christen. Welchen Glauben erwartet Gott von uns?
Im Evangelium wird deutlich, wie Glaube reifen kann. Die *Not* seines kranken Sohnes macht den königlichen Beamten unruhig und unsicher. Aus einem selbstsicheren Menschen wird ein Suchender. Dann erinnert er sich dessen, was über Jesus gesagt wurde. Der *Wunderglaube* treibt ihn zu Jesus hin. Aber das genügt nicht. Christus sagt, daß er die nicht sympathisch findet, die »Zeichen und Wunder sehen wollen«. In der Begegnung mit Chri-

stus erfährt der Beamte, daß vor ihm einer steht, der zu Recht *Autorität* beanspruchen kann. Die persönliche Begegnung erst macht den Glauben reif. So erreicht der königliche Beamte schließlich die höchste Stufe des Glaubens: »auf das Wort des Herrn hin«.

Drei Stufen des Glaubens werden also sichtbar:
1. Notglaube
2. Wunderglaube
3. Glaube auf das Wort hin.

Notwendigkeit des Glaubens

Wir haben es gewiß in einer schnell sich wandelnden Zeit nicht leicht mit dem Glauben. Aber auch der moderne Mensch mit seinem Mißtrauen, der nicht so leicht Rätsel und Geheimnis hinter den Dingen vermuten möchte, der nur »für wahr halten will, was er sehen und begreifen kann« — auch der Zeitgenosse einer technischen Massengesellschaft hat den Glauben nötig!

Warum?

- Es gehört zum wahrhaft Menschlichen, immer wieder nach letzten Gewißheiten zu suchen. Und jeder, der täglich Mut faßt und den Kampf ums Dasein neu aufnimmt, lebt aus der Grundhaltung eines letzten Vertrauens in den Sinn des Lebens. Und darin eingeschlossen ist — bewußt oder unbewußt — auch eine letzte Hoffnung auf ein endgültiges Heil, darauf, daß alles im Letzten einen Sinn hat. Diese Hoffnung kann viele Namen tragen — für manche ist es einfach die letzte Sehnsucht nach der Freiheit von der Angst.
- Wir Menschen sind auf Vertrauen hin angelegt. Auch der selbstsichere Materialist in unserer Gesellschaft lebt dauernd vom Vertrauen seiner Mitbürger. Diese verborgene Wirklichkeit ist zwar nicht meßbar, aber sie ermög-

licht erst das Leben. Ohne das Vertrauen würde unser Alltag zur Hölle.

Was ist personaler Glaube?

Glauben ist sicher nicht nur »für wahr halten«, nicht nur gehorsam sein gegenüber Lehrsätzen und Vorschriften (auch wenn das manchmal eine Hilfe sein kann in einer komplizierten Welt).

Gläubig ist,
wer sich innerlich ergreifen und rufen läßt,
wer sich aufrecht und mit offenen Augen einem anderen anvertrauen kann,
wer sich belehren läßt von dem, was auf ihn zukommt,
wer den Mut hat, von dem anderen etwas zu erwarten.

Glaube ist eine vertrauensvolle, personale Beziehung zu einer Persönlichkeit, die sich bewährt hat.
Die Sicherheit des Glaubens setzt sich zusammen wie ein Mosaik aus Erkennen, Lieben und Vertrauen.
So gesehen, wird die Persönlichkeit des Partners in dieser vertrauenhaften Beziehung zu einem zweiten Weg zur Wahrheit.

Ein Beispiel ist das Verhältnis zum Arzt: der Patient hat keinen Einblick in die Untersuchungsergebnisse, Röntgenaufnahmen, Elektrokardiogramme, etc. Aber das Vertrauen zum Arzt läßt ihn auch schmerzliche Behandlungsmethoden ertragen. Und wenn der Patient das tut, erschließt er sich Wahrheiten und Wirklichkeiten, die für ihn nicht direkt einsichtig sind. Der eigene Horizont wird durch das Wissen des Partners erweitert.
So gesehen ist der Glaube ein *vernünftiger* Gehorsam. Deshalb ist auch kein Plädoyer für naive Gutgläubigkeit, reinen Optimismus oder blinden Glauben angebracht.

Deshalb besteht Glauben auch nicht in Beteuerungen und der Wiederholung von Sätzen. Glauben verschafft ein Wissen, das keine Gründe kennt und doch gesichert ist!

Was ist christlicher Glaube?

Im christlichen Glauben wird die vertrauenhafte Beziehung auf Gott hin verwirklicht. Voraussetzung dafür ist ein Gottesbild, das von Klischees frei ist.
Gott ist anders! Sein Bild hat in der Menschheitsgeschichte eine Entwicklung erfahren. Erst durch Jesus Christus wird das Gottesbild für uns deutlich. Er tritt ganz ohne Glanz auf, er läßt Freiheit und zwingt niemanden, er bietet Wege an, die Wagnis bedeuten, und er läßt unser Vertrauen über Prüfstrecken gehen, die nicht ausgeleuchtet sind.
Trotz der Flutwelle aufregender Ereignisse und der Inflation der Worte lebt sein Gedächtnis heute und hier.

Glaube ist wertvoll — Glaube ist gefährdet: was kann die Kirche heute für den Glauben tun?
Die Kirche hat von sich selbst gesagt, daß sie eine immer zu reformierende ist. Eine soziologische Untersuchung in Frankreich hat zu der Erkenntnis geführt, daß in den letzten hundert Jahren Millionen von Menschen, die als Arbeiter in die Industriestädte umziehen mußten, ihre religiöse Praxis sozusagen am Bahnhof mit der Fahrkarte abgegeben haben. Vieles war Fassade, aufgepappt, innerlich nicht in Freiheit angenommen, nur Mitläufertum. Auch bei uns gibt es seit Jahrzehnten eine Emigration aus der Kirche. Heute sind Hemmungen gefallen — deshalb ist für die Kirche die Stunde der Wahrheit gekommen. Aus diesen Erkenntnissen heraus hat Papst Johannes XXIII. das Konzil zur Reform der Kirche einberufen. Die deutsche Synode sollte diese Bewegung für unser Land konkretisieren.

Unwahrhaftige Äußerlichkeiten, Schwemmgut der Geschichte und fragwürdige Verzierungen müssen weg, damit die wahre Gestalt der Kirche deutlicher wird.

Anregungen für das Gespräch:

1. Woher kommen unsere Glaubensschwierigkeiten? Bewußt machen — besprechen — gemeinsam aufarbeiten.
2. Gefahren von den Massenmedien: Urteilskraft beeinträchtigt, Wahrheitsfindung, Überflutung?
3. Glaubenswahrheit und Identifizierung mit dem Lehramt — Ein Problem im Wirkungsfeld der Autoritätskrise?

---

4. Auferweckung von den Toten — kann man das noch glauben?

Kann man das noch glauben? So fragen viele Menschen in unserer Zeit. Manche finden Gutes am Christentum und möchten den Weg des Christlichen ein Stück mitgehen — aber ein Leben nach dem Tode — das halten sie nicht für zumutbar. Die »modernen Menschen« (etwas davon steckt in uns allen) möchten vieles für wahr halten — aber an die Auferstehung nicht mehr glauben.
Die Gründe sind leicht einzusehen: die Welt heute ist entzaubert, wir sind nüchtern und auch ein Stück mißtrauisch geworden. Wir denken »naturwissenschaftlich«, und das bedeutet: wir verlassen uns auf das, was wir sehen und begreifen können. Viele verwechseln das Geheimnis des Glaubens mit einem Mythos. Ist es nicht problematisch, über eine neue Wirklichkeit zu reden, die noch niemand von uns erfahren hat?

Unerlaubte Fluchtwege

Auf einem anderen Blatt aber steht die Tatsache, daß es — meist wohl unbewußt — schwerfällt, Ostern ganz aufzugeben. Man möchte das Fest ohne seinen Inhalt retten. Deshalb wird Ostern umschrieben als »Fest des erwachenden Lebens«, als »Sieg des Geistes über die Materie«, als »ewige Bedeutung des Lebens und Sterbens Christi«. So zu lesen in manchen Zeitungen und Zeitschriften in der österlichen Zeit.

Die Jünger hatten nach all diesen Aussagen nur ein »Widerfahrnis« und haben nach dem Tod Christi, damit »die Sache Jesu« weitergehe, die »Auferstehung« als einen Hilfsbegriff, als Interpretament aus der Umwelt eingeschleust. In Wirklichkeit ist aber nichts dergleichen passiert.

Es kann keinen Kompromiß geben

Schon Paulus ist solchen Zweiflern begegnet, die den Osterglauben umdeuten wollten. Aber er verlegt ihnen diesen Fluchtweg. Er macht klar, daß es nur ein »Alles oder Nichts« gibt. Im Korintherbrief sagt er deutlich: wenn Christus nicht auferstanden ist, dann gibt es keine Hoffnung; dann ist das Christentum kein gangbarer Weg; alle Bemühungen — die ganze Kirchen- und Missionsgeschichte waren umsonst. Jesus mag ein liebenswerter Mensch sein — ist er nicht auferstanden, dann hoffen wir umsonst.

Hilfe für den Glauben

Alles spricht dafür, daß wir die Schrift ernst nehmen können. Die nüchternen und sachlichen Berichte widerlegen die Einwände.

Paulus war ein scharfes Gegner der frohen Botschaft von

der Auferstehung. Er bekämpfte das Christentum. Sein Damaskuserlebnis machte ihn keineswegs zum gläubigen Christen. Aber es brachte ihn zu einem selbstkritischen Nachdenken. Nun forschte er vorurteilsfrei. Er befragte viele Augenzeugen über Jesus, über das Ereignis an Ostern und seine Folgen. 500 Brüder werden genannt.
Ist die Auferweckung wirklich eine Erfindung der Jünger? Dafür gibt es keine Beweise. Aus den Berichten geht hervor: die Jünger waren verängstigt und auf der Flucht. Psychologisch ist es nicht zu erklären, wie sie ausgerechnet in einer feindlichen Umwelt (Jerusalem) zu einem solchen Glauben kommen sollten. Die Frauen, die zum Grabe gingen, erwarteten nicht die Osterbotschaft. Als sie das leere Grab sahen, befiel sie Furcht. Das Markus-Evangelium sagt: »Die Jünger glaubten nicht.« Thomas ganz ehrlich: »Ich kann es nicht glauben!« Eines steht deshalb fest: Die Osterbotschaft ist nicht aus dem brennenden Wunsch der urchristlichen Jüngergemeinde entstanden.

Begegnung mit dem lebendigen Herrn

Ostern kann auch nicht aus der urchristlichen Gemeindepredigt begründet werden. Denn alle Zeugen konnten am Anfang nicht glauben und brachten das zum Ausdruck. Dann *mußten* sie es aber glauben. Diese Wende ist eine Folge der Begegnung mit dem lebendigen Herrn. In der Begegnung mit Christus liegt der entscheidende Grund. Das bringen die Texte deutlich zum Ausdruck. Unsere so gern zitierte Ehrlichkeit und Wissenschaftlichkeit im 20. Jahrhundert sollte uns dazu bringen, diesen Tatbestand anzuerkennen.

Ein ungewöhnlicher Tatbestand

Beim Ostergeschehen handelt es sich gewiß um einen ungewöhnlichen Tatbestand. Wir können auf verschiedene Weise darauf reagieren. Falls wir erklären, daß wir das Zeugnis der Urkirche nicht annehmen können — dann müßten sich die Apostel geirrt haben. Das Grab war dann nicht leer oder irgendeiner hat den Toten weggebracht. Der Grund dieses Unvermögens liegt dann bei *uns*. Denn *wir* können diese Botschaft nicht annehmen.

Was heißt glauben?

Auf den Glaubensbegriff angewandt hieße das: wir können nur das für wahr halten, was *wir* auf Grund unserer Erkenntnis und Erfahrung für möglich halten. Damit sind wir zurückgeworfen auf unsere Erkenntnis und Autorität. Wir müssen uns dann die Frage gefallen lassen: sind wir trotz all unsrer Fortschritte als Menschen nicht doch eine fragwürdige Autorität?
Die andere Möglichkeit besteht darin, daß wir auf das hören, was der Apostel gesagt hat: Daß der lebendige Gott, der Schöpfer aller Dinge, der HERR ihnen begegnet ist. Daß der Gott, der die Naturgesetze schuf, ihnen als der Auferstandene entgegenkam. Ihnen begegnet kein »mythisches« Wesen, sondern die Apostel wurden trotz ihres Unglaubens überwältigt von dem, der es sich nicht gefallen lassen kann, daß wir ihm vorschreiben, wie er zu sein hat und was er zu tun hat.

Was heißt »glauben«?
Im österlichen Sinn heißt glauben: sich ausliefern, Gott nicht mehr davonlaufen, Gott stille halten. Gottes Tun zur Kenntnis nehmen. Gott gehorsam sein. Den Versuch unternehmen, von Gott her zu denken — und nicht mehr

von der eigenen Position aus. Das verstanden die Apostel unter glauben!

Unbefangen über das Wie

Unsere Mentalität heute ist es, vor allem nach dem Wie zu fragen. Bei den Aposteln war es anders. Sie waren der Überzeugung, daß Christus wahrhaft auferstanden ist. Über das »Wie« machten sie sich wenig Gedanken. Weil sie dem lebendigen Herrn begegnet waren, machten sie sich wenig Gedanken darüber, *wie* das im einzelnen geschehen sei, wie ein Toter wieder lebendig werde, welchen Leib er dann habe, und wie der alte Leib sich zu dem neuen verhält.

Die Apostel stellen deshalb ihre Berichte sehr unbekümmert und ohne Harmonisierungsversuche nebeneinander. Es wiegt für sie der Tatbestand und die Folgen, die in die Geschichte hereinragen. Dessen sind sie sich gewiß.

Können wir das annehmen? Begegnet im Zeugnis der Apostel Christus auch uns? Auf welche Autorität wollen wir uns stützen? Würden wir dann glauben, wenn wir historisch gesicherte, archäologisch einwandfreie Berichte hätten? Wenn es Bilder gäbe, Protokolle und Polizeiberichte?

Wir sollten darüber nachdenken! Ohne Ostergeschehen gibt es keine Hoffnung.

Anregungen für das Gespräch

1. Auferstehung des Herrn oder unsere Auferweckung — Worin liegt für uns die größere Schwierigkeit?
2. Hätten wir als Zeitgenossen Jesu leichter Zugang zum Glauben gefunden?

---

5. Gibt es in der Kirche letzte Gewißheiten?

Jahrhundertelang war der »Fall Galilei« der kräftigste Pfeil im Köcher der Kirchenfeinde verschiedenster Farbe. Der Zusammenstoß zwischen dem Bahnbrecher moderner Naturwissenschaft, der erkannt hatte, daß die Welt nicht der Mittelpunkt des Kosmos ist, und den Theologen seiner Zeit, die die Bibel als Lehrbuch der Naturwissenschaft heranziehen wollten, ist aus der damaligen Zeit verständlich. Aus dem Abstand, den die Geschichte vermittelt, weiß man heute: die Auseinandersetzung wäre sachlicher verlaufen, hätten sich nicht Heißsporne unter den Theologen und ein streitlustiger Galilei gegenüber gestanden. —

Ein heißes Eisen

Die Unfehlbarkeit des kirchlichen Lehramtes ist in der Diskussion und damit die für alle Christen wichtige Frage: »Gibt es in der Kirche letzte Gewißheiten?« Bietet die Kirche nur »Unverirrbarkeit« — hat sie also »nur« einen Kompaß, der — bei manchen Umwegen — im letzten die richtige Marschzahl anzeigt? Oder gibt es die ewig gültigen, objektivierten Sätze, Wahrheit, die sozusagen dinghaft ins Wort übergegangen ist? Sätze sind gegenüber der Wirklichkeit unzulänglich, sie sind Mißdeutungen ausgesetzt, sie können in einer bestimmten Zeit einen Bedeutungswandel erfahren und dadurch auf eine falsche Fährte führen. Begriffe geraten in Gefahr, verzerrt zu werden.

Die Unzulänglichkeit der Sprache

Menschliche Worte sind nur eine unzulängliche Hülle für das Geheimnis der göttlichen Wahrheit. Deshalb müssen Sätze auch hinterfragt werden. Das darf allerdings nicht aus Übermut oder zur Verunsicherung geschehen, sondern um tiefer vorzudringen und die eigentliche Aussageabsicht herauszuschälen. Die Wahrheit ist »geschichtlich«, das heißt, der Mensch kann sie nur durch geschichtlich bedingte Sprachformen erreichen. Eine Neuinterpretation der biblischen Schriften auf die zentrale Botschaft hin ist in jeder Zeit nötig, damit die Kraft des je gegenwärtigen Wortes Gottes als Verheißung für die Zukunft wirksam bleibt.

In der Kirchengeschichte zeigt sich, daß Wahrheiten entfaltet werden können. 1870 wurde beim I. Vatikanischen Konzil die Unfehlbarkeit zum Dogma erhoben. Das war ein erster Schritt. Inzwischen sind in Rom neue Erkenntnisse gewachsen. Das Vatikanum II hat die Zusammenhänge klargemacht und die Verantwortung des Bischofskollegiums geklärt. Solche Entwicklungen hat es in der Kirchengeschichte schon oft gegeben. Deshalb ist Unfehlbarkeit noch nicht zum »Ehrentitel« herabgesetzt. Deshalb kann das Wort der Offenbarung als »letztes und definitives Wort« auch die äußerste Entschiedenheit in verbindlichen Worten fordern. Das Wort des Credo gilt, auch wenn wir immer wieder betend und meditierend um den sachlichen Sinn, der hinter den Buchstaben steht, ringen müssen. Der Sinn bleibt — auch im Wechsel geschichtlicher Denkweisen und Aussagen.

Die heutige Diskussion ist eine Herausforderung zu einer bewußten, auf persönliche, vertrauenhafte Beziehungen zu Christus bauende Religiosität. Sie ist eine Anregung, tiefer zu schürfen.

Die deutsche Bischofskonferenz hat 1970 formuliert: »Obgleich der Glaube der Kirche immer neu zu überdenken ist und insofern bis zum Ende der Geschichte unabgeschlossen bleibt, schließt er ein unverwechselbares Ja und ein unverwechselbares Nein ein, die beide unvertauschbar sind. Anders ist ein Bleiben der Kirche in der Wahrheit Jesu Christi nicht möglich.«

Anregungen für das Gespräch

Suchen Sie in der Literatur Beispiele, wie Begriffe ihren Inhalt verändert haben (etwa Natur, Person etc.).

6. Mission — heute noch zu verantworten?

Wer sich heute die Frage nach Sinn und Ziel der Mission stellt, greift in die Mitte eines Netzes und zieht so ziemlich alle theologischen Probleme unserer Zeit an die Oberfläche.
So ist die Suche nach dem Stellenwert der missionarischen Arbeit in der Dritten Welt zur Frage nach dem Sinn der Kirche und des Christseins überhaupt geworden. Früher waren Missionare die Lieblinge des katholischen Volkes — heute bleibt oft nur ein Achselzucken für diesen »Beruf«. Früher ging es bei den Überlegungen darum, wie man besser und erfolgreicher helfen könne. Heute stehen wir in einer Phase totaler Infragestellung, und der Zweifel lähmt Energien.
Die Bedenken lassen sich in drei Gruppen zusammenfassen:

Es lohnt nicht

Der Einsatz lohnt sich nicht, weil die Hochreligion des Christentums kein geeigneter »Exportartikel« ist. Die Verpflanzung der Kirche bringt nur neue Unruhe in die Dritte Welt. Der Konfessionshader hat bei uns Schaden genug angerichtet.

Mission ist nicht nötig

Der Einsatz ist nicht nötig. Das letzte Konzil hat uns belehrt, daß auch andere Religionen wertvolle Elemente besitzen. Gott hat sich offenbar die Massenseelsorge in der Welt selbst vorbehalten und führt die 3 Milliarden Nichtgetauften auf außerordentlichen Heilswegen zur Vollendung. Auf seine Barmherzigkeit gilt es zu vertrauen. Die »anonymen« Christen brauchen keine Kirche. Es ist geradezu überheblich, den Verkehr auf die ausgetretenen ordentlichen Heilswege umleiten zu wollen.

Andere Aufgaben sind wichtiger

Es gibt wichtigere Aufgaben zu lösen. Unsere Pflicht ist es, einen Beitrag zu gesellschaftlichen Veränderungen in den Ländern der Dritten Welt zu leisten. Die Mission hat den Kolonialismus lange genug gefördert. Die Strukturen müssen verbessert werden, damit eine sinnvolle Entwicklungshilfe geleistet werden kann. Es geht um menschenwürdiges Leben in einer friedlosen, übervölkerten und von Katastrophen bedrohten Welt.

Das Selbstverständnis Jesu Christi

Jeder sollte einmal den Versuch machen, sich vorzustellen, wie Christus eigentlich hätte handeln müssen, wenn all die vorgebrachten Thesen stimmen würden. Als er kam, war die Erlösungslehre Buddhas längst verkündet, die heiligen Bücher des Hinduismus lagen vor, und die jüdische Religion war ohne Zweifel ein Weg zu Gott. Er ist frommen Juden begegnet. Man kann Saulus den religiösen Ernst nicht absprechen, der als Paulus später schrieb: »Wehe mir, wenn ich das Evangelium nicht predige« (1 Kor 9,16).

Trotz all der religiösen Angebote in seiner Zeit hat Christus durch seine Menschwerdung Gottes Liebe sichtbarer und greifbarer gemacht. Er wollte etwas Neues bringen. Er begnügte sich nicht damit, die Juden zu besseren Juden, die Hindus zu besseren Hindus und die Buddhisten zu besseren Buddhisten zu machen. Ihm ging es offenbar auch nicht um einen höheren Lebensstandard. Er hat das Gesetz und die Opfer der Juden abgeschafft und alle aufgefordert, ihm zu folgen. Er hat eine neue Gemeinschaft begründet, die die Grenzen der bisher bestehenden Religionen und Nationen überschreiten soll. Er war davon überzeugt, daß er das Maß und die Mitte ist, daß wir ohne ihn nichts tun können. Ist das Überheblichkeit des Zimmermannsohnes von Nazareth — oder ist Christus Licht vom Lichte und wahrer Gott vom wahren Gott? Hier müssen sich die Geister scheiden. Denn der Missionsauftrag an die Apostel ist nur die logische Folgerung der Stellung und des Selbstverständnisses Jesu Christi. Niemand kann sagen, er sei Christ oder habe Christus verstanden, wenn er nicht anerkennt, daß Christus Gemeinschaft bilden wollte zwischen Gott und den Menschen. Mitmenschlichkeit wird heute groß geschrieben. Aber offensichtlich ist der einzelne überfordert, das menschliche Herz zu verschlossen und verkrustet, als daß die Liebe auf die Dauer gelingen könnte, ohne Begegnung mit der Liebe selbst, die konkret wurde in Christus. Man kann die Menschen nicht zu Brüdern machen, wenn sie nicht den gemeinsamen Vater anerkennen. Aufgabe der Kirche ist es nicht, gute Statistiken aufzuweisen. Aber sie muß — wo auch immer sie es kann — die Botschaft verkünden und Gemeinschaft gründen. Sie muß bestrebt sein, als Salz zu wirken. Das ist ihr Auftrag.

Aber die anonymen Christen?

Mission ist so gesehen kein Hobby charismatischer Abenteurer, keine Privatsache, keine Spezialistenaufgabe, kein Selbstzweck in der Kirche, keine Erfindung machthungriger Päpste. Sie gründet in der Selbstverpflichtung Gottes auf das Heil der Welt hin. Das hat das Konzil gemeint, wenn es bei aller Hochachtung vor den wertvollen Elementen in den anderen Religionen klar sagt: »Die Kirche muß ihrem Wesen nach missionarisch sein.« Gewiß gibt es »anonyme Christen«. Denn ehe die heilschaffende Gnade im Sakrament sichtbar wird, ist die Botschaft gehört worden, ist Bereitschaft gewachsen, waren Wunsch und Sehnsucht vorhanden. In all diesen Stufen hat sich auch schon Rechtfertigung ereignet, ist schon Heil vermittelt worden. Das Anonyme ist Vorstufe, geht der möglichen Vollendung voraus, bis sich in der Erwachsenenstufe die Rechtfertigung des Menschen »kirchengesellschaftliche Sichtbarkeit« schafft.

Entwicklungshilfe recht gesehen

Niemand bestreitet schließlich, daß Entwicklungshilfe nötig ist. Aber selbst wenn alle Menschen ein eigenes Haus, fließendes Wasser und elektrisches Licht, genügend Vorräte im Kühlschrank und einen Fernsehapparat, wenn alle eine gediegene Ausbildung, einen Beruf und ein sicheres Einkommen hätten, wenn alle Krankheiten besiegt, alle Länder wirtschaftlich, sozial und politisch strukturiert wären — wären die Menschen dann am Ziel ihrer Wünsche?

Die Schrift gibt die Anwort: Es geht nicht darum, den Menschen nur satt zu machen — wiewohl das unsere Aufgabe ist — es geht darum, ihn *neu* zu machen: Das ist das faszinierendste Wort der Schrift. Entwicklung hat als Ziel, Mensch sein zu können in einer letzten Fülle und

Entfaltung. Hier sind die Techniker und Wirtschaftsexperten überfordert. Hier hat die christliche Botschaft ihre ureigene Aufgabe.
Nur im Messen an Christi Botschaft kann Entwicklungshilfe menschenfreundlich bleiben. Es ist ja das Messen am Leitbild schlechthin, das Messen am Zukünftigen.
Die große Versuchung jeder Entwicklungshilfe ist die Rechthaberei und in ihrem Gefolge Diktatur oder Legitimation zum Einsatz aller Mittel. Das führt zur Unmenschlichkeit. Entwicklungshilfe braucht deshalb Motive, die sie frei macht. Solche Beweggründe bietet die Offenbarung, weil die Grenzen des Natürlichen überschritten werden.

Anregungen für das Gespräch

1. Welche alten Missionsvorstellungen sind heute abzubauen?
2. Kann man Mission und Entwicklungshilfe trennen — oder Prioritäten setzen?

---

7. Glaube im Generationskonflikt

Glaubensschwierigkeiten gab es immer. Jedes Jahrhundert der Kirchengeschichte hatte Probleme und Ausfallerscheinungen. Zu den Belastungen unserer Zeit gehört die tiefe Kluft zwischen der offiziellen Kirche und der Jugend.
Die ältere Generation, die diesen Zustand — je nach Temperament — mit Wehmut oder Entsetzen zur Kenntnis nimmt, hat selbst eine Zeit der Proteste gegen die Welt der Erwachsenen erlebt. Was unter dem Sammelbegriff »Jugendbewegung« damals über die Bühne ging, war gewiß der Aufstand gegen die »verlogene, bürgerliche Fassade« der Älteren. Die Komponente dieser Be-

wegung im kirchlichen Raum verlief aber vergleichsweise harmlos. Sie wurde von den Jugendseelsorgern damals aufgefangen, umgemünzt und mit einer Mischung von Pfadfindergeist und liturgischer Erneuerung bewältigt.

Ernste Situation

Ganz anders ist die Situation heute. Nur Naive können in einer Kombination von Wahrnehmungsstörungen und Wunschdenken den Ernst der Krise übersehen. Die Aussagen vieler Eltern, die in der Disputation über Glaubensfragen mit ihren Jugendlichen unterliegen, erhärten den Tatbestand.

Zum Glauben gehört gewiß ein Stück Reife und Lebenserfahrung, eine Grundbefindlichkeit des Urvertrauens, daß das Leben trotz all seiner Absurditäten sinnvoll sei. Auf dieser Grundlage wächst ein Wissen, das keiner naturwissenschaftlich belegbaren Gründe bedarf und doch gesichert ist.

Jugend hat es schwerer

Fehlt der jungen Generation dieser Boden heute? Man muß den Kindern unserer Zeit zugestehen, daß sie es schwerer haben. Die mittlere und ältere Generation ist in viele Auseinandersetzungen hineingewachsen, die Jugendlichen werden unvermittelt damit konfrontiert.

Ursachen

Verständnis und Heilung beginnen mit der Kenntnis der Ursachen. Die neue Zeit ist von einem naturwissenschaftlich ausgerichteten Denken erfaßt. Da gibt es nicht mehr Rätsel und Geheimnis hinter den Dingen. Man hält sich an das, was man sehen und begreifen kann. In einer solchen Welt ist der Zugang zum Bereich der Sakramente, die zeichenhaft auf eine geheimnisvolle Wirklichkeit hinweisen und eine Heilszusage des im letzten siegreichen Gottes sind, erschwert. Begriffe wie Buße und Umkehr erscheinen für Jugendliche wie Requisiten aus einem Gruselkabinett. Die »Wortinflation« der Massenmedien heute macht es schwerer, die schlichten Sätze der Botschaft des Evangeliums in jene Mitte der Persönlichkeit aufzunehmen, wo Entscheidungen heranreifen. Es gibt wenig Zeit zur Muße, zur Meditation und Besinnung. Der Pluralismus der »Fernsehtheologie« weckt zwar das Problembewußtsein — bringt aber für den, der keine Ruhe zur Verarbeitung hat, mehr Verwirrung als Bewältigung. Die seit Jahrhunderten schwelende Autoritätskrise scheint ihren Höhepunkt erreicht zu haben. Jugendliche haben heute einen geschulten Blick für die dunklen Punkte einer unbewältigten Vergangenheit. Eine Institution wie die Kirche kommt in der Beurteilung schlecht weg. Ihr Anspruch erscheint verdächtig und damit das ganze Gerüst ihrer tragenden Lebensanschauung. Es ist nicht leicht, in einer stark zukunftsorientierten Welt von den Heilstaten Gottes in der Vergangenheit zu leben. Gegenüber dem unersättlichen Freiheitsdurst des modernen Menschen in unseren Breitengraden erscheint die Kirche und das Religiöse behaftet mit dem Makel der Gesetzlichkeit und Gebundenheit. Der Aufruf zum Glauben wird — von der Kirche kommend — wie ein Plädoyer für Blindheit und naiven Optimismus gewertet. Die junge Generation ist sehr skeptisch und mißtrauisch und betrachtet die Dinge reichlich unterkühlt.

Zukunft des Glaubens

Hat der Glaube der Kirche Zukunft? Die Statistiken sprechen dagegen — die Zusage Gottes in der Schrift dafür. Der Glaube läßt sich nicht allein dadurch auf die kommende Generation übertragen, daß man Jugendliche dazu

überredet, überkommene Sätze »für wahr zu halten«. Glaube hat da Chancen, wo er mit den Erwartungen, Sehnsüchten und Hoffnungen in Verbindung gebracht werden kann. Ein Glaube, der etwas zu tun hat mit der urmenschlichen Frage nach Glück, nach Heil, nach Sinn von Welt und Geschichte, nach Rettung von dem Tode, nach Sicherheit in wechselndem Schicksal. Ein Glaube also, der konkret Bezug nimmt auf unsere Existenz heute; der sich bemüht, Konsequenzen zu ziehen, auch wenn liebgewordene alte Formen zerbrechen. Dieses Ausgreifen in eine offene Zukunft und das Überschreiten der Grenzen eigener Lebenssicherung können nur gewagt werden in einer vertrauenhaften Beziehung zu Christus.
Auf dem Weg dahin ist eine Kirchenleitung nötig, die beweglich, verständig, entgegenkommend, tolerant und dynamisch bleibt. Es gibt keine andere Brücke über die tiefe Kluft zwischen Jung und Alt in der Kirche heute.

Anregungen für das Gespräch

1. Was mag wohl Kindern und Jugendlichen den Glauben schwermachen? Versuch, der Situation der Jugendlichen gerecht zu werden.
2. Wie werden wir fertig mit den dunklen Punkten der Kirchengeschichte?

---

8. Glaubensnot — trotz guten Willens?

Es gibt Zeitgenossen, die zwar getauft sind, aber keinen Gebrauch von ihrem Christsein machen möchten. Diese Gruppe ist nicht zugänglich für die Botschaft des Evangeliums. Jede »religiöse Vitaminspritze« gleitet an der Glasur ihrer Gleichgültigkeit ab. Von diesen Menschen soll hier nicht die Rede sein. Die Glaubensnot der Gutwilligen beschäftigt uns. Wo liegen die Ursachen für die Schwierigkeiten und Ausfallerscheinungen bei Christen, die noch beten können: »Ich glaube Herr, hilf meinem Unglauben!« (Mk 9,23)?

Wahrheitsfindung

Wir sind heute in der Wahrheitsfindung behindert. Zu vieles stürmt auf uns ein, Funk und Fernsehen lassen uns nicht nur an allen Weltereignissen teilnehmen, sie bieten auch recht verschiedene theologische Ansätze, mit denen wir fertig werden müssen. Die Urteilskraft des einzelnen ist oft überfordert. Die geistige Auseinandersetzung verlangt heute mehr Mühe als früher!

Autorität

Die weltweite Autoritätskrise tut das ihre. Lange Zeit ruhte der Glaube sehr stark auf der Säule des Gehorsams. Der Priester als Experte war der Garant für die Richtigkeit. Als die Landflucht einsetzte, zeigte sich, daß viele Umsiedler mit ihrer Heimat auch ihre Glaubenspraxis aufgaben. Die Autorität muß heute mit Argumenten versehen sein — sonst kommt die Kirche in den Geruch, eine Verführerin zu geistiger Trägheit zu sein. Jahrhundertelang war die Tradition *der* Orientierungspunkt. Heute ist die Kamera in die Zukunft geschwenkt. Wir gehen riesigen Katastrophen entgegen, falls es nicht gelingt, die Umweltverschmutzung wenigstens zu bremsen und für Nahrung, Wasser und Arbeitsplätze zu sorgen. Aber im Schatten einer Welt, die zukunftsorientiert lebt, ist es schwerer, die Heilstaten Gottes aus der Vergangenheit in der rechten Weise zu würdigen.

Das sinnlose Leid

Eine große Rolle in dieser Glaubensnot spielt die Frage nach dem Sinn des Leides in dieser Welt! Es fällt heute nicht leicht, sich einfach in den Abgrund eines unbegreiflichen Gottes fallen zu lassen, der sich vorbehalten hat, den Sinn seiner Zulassung und Fügungen erst im Licht des Todes den Betroffenen wissen zu lassen. Angesichts des sinnlosen Leides von napalmverbrannten Kindern in Vietnam oder der brutalen Unterdrückung der Menschenwürde ganzer Völker fällt es modernen Menschen schwer, vertrauenhafte Beziehungen aufzubauen zu Gott und seiner Vorsehung.

Mißtrauen

Die unbewältigte Vergangenheit der Kirche mit ihren dunklen Punkten Inquisition, »Fall Galilei«, Ketzerverbrennungen etc. drückt zusätzlich auf die Waagschale des Mißtrauens — auch und gerade, weil diese Ereignisse einseitig beleuchtet werden. Welche Heilsmittel gibt es für diese Glaubensnot?
Christus möchte, daß wir auf sein Wort hin glauben, Vertrauen haben und hoffen. Er will keinen blinden Gehorsam, kein Nachplappern von Sätzen oder naive Gutgläubigkeit. So ist der Glaube ein zweiter Weg zur Wirklichkeit. Ohne diese Straße bleibt vieles unerklärt in der Welt. Denn gerade wenn naturwissenschaftlich alles erforscht ist, beginnen die Fragen, die Suche nach dem Warum, nach Sinn und Ziel. Dieser zweite Pfad zur Wirklichkeit ist keine betonierte Straße — er geht über ein Mosaik von Erkenntnissen und Eindrücken: daß das Leben überhaupt nicht ohne vertrauenhafte Beziehung zu bewältigen ist, daß dieses Vertrauen unser Dasein sehr stark bestimmt, wie etwa die Beziehung Mutter — Kind oder das Verhältnis Arzt — Patient zeigen. Ehe man einer Persönlich-

keit vertraut, muß man sie kennen! Dazu gehört Wissensdurst, Beobachtungsgabe und Detailkenntnis. So kann niemand zum Glauben kommen, der nicht Christus sucht; seine Worte, seine Taten, seine Motive durchforscht. Ein Mosaikstein ist schließlich das Grundvertrauen, daß trotz aller Absurditäten in dieser Welt das Leben im Letzten sinnvoll ist. Natürlich ist der Glaube auch immer ein Wagnis. Aber es gibt nichts Bedeutendes in dieser Welt, das nicht mit einem Risiko behaftet ist. Heute gehört zum Glauben viel Reife, Lebenserfahrung und Mühen um die Wahrheit. Wer glauben will, muß es sich etwas kosten lassen.

9. Erbsünde in neuer Sicht

Das Problem

Es war schon immer ein Problem, wie die »Erbsünde« Schuld und Verhängnis zugleich sein kann. Eine Sünde setzt als personale Tat Freiheit voraus — wie kann sie zugleich vorgegebenes, auferlegtes und vorpersonales Schicksal sein? Neue Erkenntnisse der Naturwissenschaften haben zusätzliche Schwierigkeiten gebracht.
In der Abteilung »Wissenschaft« geht das Weltbild des modernen Menschen davon aus, daß die Wirklichkeit, zu der er selbst gehört, sich aus den niedrigsten Formen entwickelt hat. In der Abteilung »Religion« aber soll der Christ daran festhalten, daß der Mensch nicht als Neandertaler oder Pekingmensch über viele Stufen zu dem wurde, was er heute ist. Hier tritt der Mensch in der Gestalt des Adam und seiner Frau in überragender Vollendung als Leidloser und Unsterblicher in die Geschichte ein. Er ist mit beneidenswert hohen Gaben ausgestattet und besitzt eine unerreichte Gottesnähe. Um so unerklär-

licher ist sein Abfall, sein sinnloses Verhalten, mit dem er sich den Tod und andere Unannehmlichkeiten einhandelte.
Kein Mensch kann längere Zeit unbeschadet in einer solchen Bewußtseinsspaltung leben. »Schubladendenken« ist ungesund. Muß der bleibende Glaube von »überholten Vorstellungen« befreit werden?

Fragen

Gibt es eine Sünde ohne die Möglichkeit einer freien Entscheidung?
Handelt es sich bei der Erbschuld nicht um ein auferlegtes, vorgegebenes, vorpersonales Schicksal?
Der heutige Stand der Naturwissenschaft berichtet, daß der Mensch sich zugleich an verschiedenen Stellen aus sehr niedrigen Formen (Neandertaler, Pekingmensch) entwickelt hat (Polygenismus). Wie ist das zu vereinbaren mit der Abstammung von dem einen Paar Adam und Eva?
Ist das Übel in der Welt eine Folge der Entwicklung (Teilhard de Chardin), »weil die Neuheit mehr oder weniger unausweichlich etwas Vorausexistierendes zerbrechen muß«?

Die entscheidende Stelle in der Schrift: Römer 5,12

»Wie durch *einen* Menschen die Sünde in die Welt gekommen ist . . .«
Auf den ersten Blick scheint dieses Kapitel eine Festschreibung des alten Weltbildes zu sein, ausgehend von der Meinung, daß alle Menschen von dem einen Paar Adam und Eva abstammen.
Die neuere Schriftauslegung ist aber zur Überzeugung gekommen, daß die ständige »echoartige Wiederholung des Wortes *ein*« nur eine literarische Form ist, nicht aber die Botschaft. Aussageabsicht: Die Sünde herrscht zusam-

men mit dem Tod in der Menschheit. Keiner ist ausgenommen, alle Menschen sind gleich in *einer* Schicksalsgemeinschaft. Änderung dieses Zustandes kann nur durch Jesus Christus kommen! Christus hat eine einmalige Stellung in der Erlösung und in der ganzen Schöpfungswirklichkeit.

Adam — der Mensch schlechthin

Es wird bezweifelt, ob Adam und Eva in diesem Zusammenhang als geschichtliche Persönlichkeiten angesehen werden können. Adam ist vielmehr die Symbolgestalt für den sündigen, schwachen Menschen schlechthin, der den Anforderungen nicht gerecht wird und immer wieder in den Prüfungssituationen versagt.

Die Bürger von Babel, das sind die Überheblichen schlechthin. Der Mörder Kain taucht überall auf, wie unsere Zeitungen berichten. Die degenerierte Gesellschaft — wie sie bei den Zeitgenossen Noes geschildert wird — findet sich in jedem Volk.

Als erste geschichtlich faßbare Persönlichkeit der Schrift wird Abraham angesehen. Gott will den Menschen als seinen Partner. Das ist ein Anspruch, fordert Niveau.

Gott wünscht freundschaftliche Verbindung. Voraussetzung dazu ist die Freiheit. In der Freiheit liegt das Risiko des Mißbrauchs. Es gibt keinen Menschen, der seine Freiheit nicht mißbrauchte. Somit sind *alle* Sünder. Dieses Fehlverhalten ist von Anfang an wie eine Epidemie über die ganze Welt verbreitet. Darin sind alle gleich — das ist heute unter dem Begriff des *»einen Menschen«* zu verstehen.

Durch Mißbrauch der Freiheit ist der Menschheit der Status des bevorzugten, begnadeten Wesens verlorengegangen. Es gilt weitgehend wieder das Generalgesetz der Natur: »Der Stärkere hat Recht und setzt sich durch.« Darunter leiden alle.

Überethische Dimensionen müssen gesehen werden

»Eine rein ethische Begrifflichkeit reicht nicht aus. Sicher ist, daß im Guten wie im Bösen überethische Dimensionen und Kategorien verwendet werden müssen, wenn das Gute und Böse für unsere Situation, d. h. im Zusammenhang mit dem Schöpfungsziel und der Heilstat Christi, beschrieben wird. Überethische Bestimmungen der Person vor Gott werden nicht allein aus der ethischen Willentlichkeit oder Unwillentlichkeit konstituiert. Gnade z. B. erfordert den Menschen, übersteigt aber doch das Eigentum des Menschen.
Nach der Glaubenslehre der Kirche gibt es neben den Sünden aus der persönlichen Schuld Formen von Sündigkeit, die nicht aus der persönlichen Tat entstehen. Das setzt allerdings voraus, daß es zur Beschreibung der Heilswirklichkeit Zusammenhänge gibt, die sich nicht rein ethisch konstituieren. Schon die Vorstellung, daß Christus Haupt des Ganzen ist, setzt die Möglichkeit solcher alles umgreifenden Zusammenhänge voraus (Kollegialität, Solidarität und Einheit des Priestertums z. B.). Ohne solches Begriffsmaterial kann nicht hinreichend von der Wirklichkeit gesprochen werden« (Kardinal Volk).

Woher das Böse in der Welt?

Mitten im zivilisierten Europa sind in diesem Jahrhundert Millionen Menschen ermordet worden, nur weil sie einem bestimmten Volk angehörten. Kein Mensch kann leugnen, daß es das Böse in der Welt gibt. Woher kommt aber das Böse, wenn Gott doch alles gut geschaffen hat? Die dunkle, tiefe Schuldverhaftung des Menschen ist nicht zu leugnen! Nach dem christlichen Gottesbild kann es keinen »bösen« Gott, keine zweite Gottheit geben, die für die Defekte verantwortlich ist.

Über dieses Problem mußte sich Paulus Gedanken machen. Er sieht die Ursache des Unheils in jener Tat des Ungehorsams, die von Adam und Eva begangen wurde. Die überreich Begabten rissen alle Ihre Nachkommen in das »Jammertal«. Seit dem Sündenfall wird jeder in den *schuldhaften Mangel* hineingeboren. Ohne Erlösungstat Christi gibt es keine Hoffnung.

Neues Weltbild verdrängt überholte Vorstellungen

Als Teilhard de Chardin sich dem Evolutionsgedanken verschrieb, hatte der Theologe und anerkannte Naturwissenschaftler sofort Gegner im konservativen Lager. Man war sich bewußt, was das für die Erbsündenlehre bedeutet.

Ziel der Bemühungen Teilhards war es, die Erbsündenlehre und damit die universale Erlösungsbedürftigkeit der ganzen Schöpfung in Übereinstimmung zur wissenschaftlich vorfindbaren, evolutiven Wirklichkeit zu bringen. Er wollte also den bleibenden Glauben von überholten Vorstellungen entlasten, um einer religiösen Schizophrenie zu entkommen. Er sieht eine große Leistung darin, daß Paulus die Universalität der Erlösung und das alleinige Heil in Christus im Rahmen des damaligen Weltbildes aufgewiesen hat. Wo haben aber diese Geheimnisse im evolutiven Weltbild ihren Ort?

Für Teilhard sind Tod, Sünde und alle Übel ein Nebenprodukt der Evolution. Der Schöpfer setzte eine unendliche Vielzahl von Elementen in Gang, von denen der größte Teil zum Untergang verurteilt war, »sich in einer evolutiven Sackgasse verliert«. Bei allen Lebewesen bedeutet dieser Auslesevorgang Schmerz. Da, wo sich ein Mensch auf Grund seiner geistigen Gaben des Anrufes Gottes bewußt wird und ihm nicht folgt, handelt es sich um Sünde. So ist die »Erbsünde« *in das Sein der Welt hineingemischt,* sie ist der Preis der Freiheit der Schöpfung.

Die befreiende Tat Jesu Christi

Der Mensch kann sein Leben nur dann sinnvoll finden, wenn er eine Zukunft hat, eine absolute Zukunft!
Er spürt seine Unfähigkeit, dieser inneren Forderung mit den innerweltlichen Mitteln nachzukommen. Sich selbst und der in der Entwicklung stehenden Welt überlassen, ist der Mensch radikal heillos.
Nur die Menschwerdung Gottes und die Erlösertat Jesu Christi kann dieses Dilemma lösen. Der im Letzten siegreiche Gott kommt uns entgegen und bahnt den Weg in eine neue, österliche Wirklichkeit. In diesem Sinne wird das Kreuz zum Symbol des Fortschritts.

Anregungen für das Gespräch

1. Müßte die Kirche ihre Lehre von der Erbschuld ändern, falls sich erweisen sollte, daß Menschenleben zugleich in verschiedenen Weltteilen entstanden ist?
2. Es gibt überethische Dimensionen — lassen sie sich mit der Gerechtigkeit in Einklang bringen? Sind die Folgen nicht für einzelne, Unschuldige (etwa Kinder) zu schwerwiegend?

Zweites Kapitel

Kirche

1. Das Konzil entläßt seine Kinder

Ein bekannter Theologe hat diesen Satz in Anlehnung an einen berühmten Buchtitel geprägt. Er meint, die Kirche wird heute beim Wort genommen. Der Wagen, der in Rom ins Rollen gekommen ist, kann nicht mehr gebremst werden. Was im Petersdom theoretisch »durchgespielt« wurde, setzt sich nunmehr in die Praxis um. Die Sache des Konzils geht weiter, ob man das im nachhinein bedauert oder nicht. Es lohnt sich, einige grundsätzliche Aussagen des Konzils mit der Wirklichkeit heute zu konfrontieren.

Nicht Selbstzweck

Die Kirche ist nicht die Hauptsache, so betont das Konzil. Was den Glaubensinhalt betrifft, steht sie nicht an erster Stelle. Kirche ist nicht das Ziel pastoraler Bemühungen, sondern hat den Rang eines Mittels. Nicht um Triumph darf es ihr gehen. Sie ist ein Instrument Gottes und deshalb keineswegs überflüssig. Aber sie ist für andere da!

Die Konsequenzen einer solchen Aussage liegen offen auf der Hand. Sie betreffen besonders das Verhältnis von Kirche und Gesellschaft. »Dienende Kirche« ist zum Schlüsselwort des Konzils geworden.

Leben

Bewegung bringt Unruhe! Das Konzil wollte Erneuerung. Also konnte keineswegs alles beim alten bleiben. Niemand hat Patentrezepte — deshalb muß es Experimente, Versuche und neue Modelle geben. Konnte man ernsthaft hoffen, daß Reform anders vonstatten gehe?

Keine Geheimdiplomatie

Brisante Probleme können nicht umgangen werden. Die Neuordnung der Karliturgie unter Pius XII. hat keinen aufgeregt. Auch als die Exegese zur Einsicht kam, daß der Schöpfungsbericht nicht wörtlich zu nehmen, sondern im Sinne der Entwicklungslehre zu revidieren sei, ging niemand auf die Barrikaden. Wenn aber mit Nachdruck verteidigte Stellungen in der Ehemoral in Frage gestellt werden, wenn Patriarch Maximos, der Vorsteher einer Teilkirche, andeutet, die übliche katholische Sexualmoral könnte möglicherweise aus geschichtlichen und psychologischen Gründen eine Fehlentwicklung genommen haben — dann ist es nicht verwunderlich, wenn manche eine »weltanschauliche Schrecksekunde« erleiden.
Aber »aggiornamento« heißt: sich auseinandersetzen mit den Problemen heute — und erlaubt es nicht, brennende Fragen einfach zu verdrängen. Die Diskussion muß durchgestanden werden!

Bibel als Grundlage

Erneuerung von der Schrift her. Die Väter in Rom haben die Schrift als normierende Kraft anerkannt, als ein Kriterium der Reform. So ist es selbstverständlich, daß alles, was im Laufe der Kirchengeschichte gebildet und als Schwemmgut hängengeblieben ist, sich auch eine Überprüfung gefallen lassen muß. Zwischen dem wesentlichen Gehalt der Glaubensaussage und zeitgeschichtlichen Ausprägungen muß unterschieden werden. Begriffe einer bestimmten Philosophie können überholt, ein Amtsstil nicht mehr zweckmäßig sein. Das Kirchenrecht wurde nicht für Zeit und Ewigkeit gemacht, das Priesterbild ist Wandlungen unterworfen, Frömmigkeitsformen ändern sich.

Ringen um Wahrheit

Der Dialog wurde wiederentdeckt. In der Urkirche gang und gäbe, gehörte er lange Zeit nicht mehr zu den guten Sitten. Die Rückkehr zu dieser Möglichkeit der Wahrheitsfindung kommt allerdings nicht zufällig. Im Zeitalter einer weltweiten Autoritätskrise nützen Appelle an den guten Willen allein nichts, trägt die Säule des Gehorsams kaum das ganze Glaubensgebäude. Das Ringen um Einsicht kann nur mit guten Argumenten gewonnen werden. Einsame Entschlüsse begünstigen den Abfall. Dem Konzil war das theoretisch klar — weniger vielleicht, wie mühsam die synodale Praxis ist. Wir haben heute aber keine andere Wahl: »Freude und Hoffnung, Trauer und Angst der Menschen von heute, besonders der armen und bedrängten aller Art, sind auch Freude und Hoffnung, Trauer und Angst der Jünger Christi.« Ein schöner Satz aus der Pastoralkonstitution des Konzils. Ein literarischer Höhepunkt.

Wird eine solche Solidarisierung mit den Menschen aber

ernst genommen, dann hat diese Aussage weitreichende Folgen.
Man könne die sich jetzt entwickelnde Praxis nur bremsen mit dem Argument: das Zweite Vatikanum war im Plane Gottes nicht vorgesehen, es ist ohne die Hilfe des Heiligen Geistes geblieben. Aber wer wollte das ernsthaft behaupten?
Sicher ist: Wird das Zweite Vatikanum verleugnet, geben wir mehr auf als ein Konzil. So bleibt nur ein Vorwärtsschreiten. Eine Reifung läßt sich — trotz unangenehmer Begleiterscheinungen — nicht anhalten. Das Konzil muß seine Kinder entlassen.

Anregungen für das Gespräch

1. Das Konzil hatte auch negative Folgen: wir sollten offen darüber sprechen. Wie lassen sie sich überwinden?
2. Die notwendige Reform ging über viele kleine Stufen. Welche Reformen davon möchten Sie nicht mehr missen?

---

2. Religionsunterricht in der Krise — Gesprächsanleitung aus dem Text der deutschen Synode

Was kostet das Überleben des schulischen Religionsunterrichtes?
Extrakt aus der Arbeit der Synode zum Thema Religionsunterricht:
Die Synode beschäftigte sich mit der Erneuerung des Religionsunterrichtes. Experten aller Richtungen haben zwei Jahre an einer Vorlage gearbeitet.
Brisante Punkte sollen zur Diskussion gestellt werden:

Ziele

Kein Fach kann heute ohne klare Zielvorstellungen auskommen (curriculum). »Wer nicht weiß, wohin er will, darf sich nicht wundern, daß er woanders herauskommt«, sagt mit hintergründigem Humor Robert F. Mager in »Lernziele und programmierter Unterricht«.
Im Synodenpapier werden 8 Ziele genannt, die nicht alle zugleich verwirklicht werden können:

1. Vermittlung von Glaubenswahrheiten der Kirche
2. Einübung von Frömmigkeits- oder Bekenntnisakten
3. Einführung in die Bibel und ihre Wirkungsgeschichte
4. Theologisch-wissenschaftliche Reflexion des Glaubens
5. Ermöglichung eigener Religiosität
6. Information über Konfessionen und Religionen
7. Pflege moralischer und religiöser Gesinnungen
8. Engagierte Weltverbesserungsaktionen

Analyse der Situation

Die Beschreibung der Lage ist von »schonungsloser Offenheit«:
Auch jüngere Schüler empfinden den Religionsunterricht als »Stilbruch« im Raum der Schule: Religionsunterricht stimmt oft nicht mit dem religiösen Leben der Familie überein, das Kirchenjahr hat nichts mehr mit dem Alltag zu tun, biblische Texte widersprechen den eigenen Erfahrungen, die jugendliche Fragelust steht gegen die schon immer feststehenden Antworten (Dogmen). Ältere Schüler melden sich ab. Wenn sie bleiben, hat der Religionslehrer manchmal das Gefühl, es seien »Blinde, denen man von Farbe spricht«.
Der im Glauben Angefochtene, Glaubensunwillige kommt durch Bemühungen des Religionslehrers eher zu Widerwillen und Skepsis. Viele Schüler fordern einen für Situationen und Probleme offenen Religionsunterricht.

Wegen der Abmeldemöglichkeit muß der Religionslehrer mit Attraktivität die Existenzberechtigung nachweisen. Schraubt er die Forderungen zu hoch — wird er boykottiert. Gibt er sich zu vertrauensvoll — wird er nicht ernst genommen.
Religionslehrer fühlen sich oft als »Prellbock« für die Schwächen des »Systems«. Lehrpläne und Schulbücher hinken hinter der Entwicklung nach. Religionsunterricht gehört zu den unbeliebtesten Fächern.

Positive Zeichen

Aber es gibt auch Zeichen der Hoffnung:
Die Not hat die Phantasie und Aktivität der Lehrer aktiviert. In vielen Fällen hat der Religionsunterricht an Qualität gewonnen.
Es gibt eine Fülle neuer Unterrichtsmodelle. Unter der Spreu findet sich guter Weizen . . .
Die Fachdidaktik und die wissenschaftliche Erforschung ist in keinem Unterrichtsfach so weit gediehen wie gerade im Fach Religion.

Gesellschaft, Erziehung, Erfahrungswissenschaft

Dem Religionsunterricht fehlt der Rückhalt einer einhelligen gesellschaftlichen Überzeugung, obwohl klar ist, daß der Mensch ohne religiöse Fragen nur »ein findiges Tier« wäre.
Seine Antworten müssen immer neu als Einladungen und Angebote präsentiert und zugleich muß deutlich gemacht werden, wie Gott den Menschen in seiner Freiheit herausfordert (Gebote).

Es mangelt an religiöser Erfahrung — deshalb herrscht weitgehend Sprachunfähigkeit — !
Die historisch-kritische Methode brachte eine bessere Er-

schließung biblischer Texte — aber auch das Bewußtsein, wie groß der historische Abstand ist. Das zwingt ständig zur Frage: was war damals gemeint — wie ist es heute verständlich zu machen?
Es werden Fragen an die Theologie und Kirche gerichtet, die neu und nicht unmittelbar aus den Glaubensdokumenten abzulesen sind. Kein Wunder, daß es zu unterschiedlichen Antworten unter den Theologen kommt (Pluralismus).

In der Kirche gibt es Spannungen zwischen zwei Polen:

- Wahrung der Glaubenssubstanz im überkommenen Wort — Zeitgemäße Verkündigung
- Treue zum Überlieferten — Wille zur Reform
- Bedürfnis nach Geschlossenheit — Wunsch nach lebendiger Vielfalt

KONZEPT DER SYNODE: WEG DER MITTE
(Konvergenzmodell)

1. Der Religionsunterricht soll ein schulisches Fach bleiben, in Zielsetzung und Methode anderen Fächern vergleichbar.
2. Er soll alle Schüler ansprechen, auch diejenigen, die nicht schon eine lebensmäßige Beziehung zu Glauben, Kirche und Evangelium haben.
3. Er braucht deshalb seine Ergänzung in der Gemeindekatechese (z. B. Erstkommunionvorbereitung durch Eltern und Pfarrer, Firmseminar durch Mitglieder der Gemeinde, Jugendarbeit, außerschulische religiöse Bildung). Der Religionsunterricht soll nicht durch spezifisch seelsorgliche Aufgaben belastet werden.
   Dieses Konzept ist nicht als billige Anpassung, sondern als notwendiger Preis für das ordentliche Lehrfach Religion anzusehen.

Kritik dazu

Die einen: »Die Sache des Glaubens kommt zu kurz.«
Die anderen: »Zuviel Anhänglichkeit an herkömmliche Formen der Katechese, die nicht mehr in die Schule von heute passen.«

Theologische und pastorale Legitimierung

Religionsunterricht ist nötig, weil:

1. Die Hilfen zur Selbstwerdung nicht ohne die Fragen nach dem Sinngrund auskommen.
2. Religionsunterricht relativiert die Absolutheitsansprüche und hilft deshalb gegen Ideologien.
3. Religionsunterricht = eine der Formen des »Daseins für andere«, ein Stück Diakonie in der Form der Hilfen zu verantwortlichem Denken und Verhalten. Hier werden Modelle und Motive für gläubiges Leben gezeigt. Eine Erweiterung des Denk- und Fragehorizontes.
4. Die Theologie wird genötigt, verständlich auf Sinnfragen der Zeitgenossen einzugehen und sich intellektuelle Rechenschaft zu geben. Die Kirche bleibt im Gespräch.
5. Vorurteile können abgebaut werden, Bereicherung der Persönlichkeit kann erfahren, Respekt vor anderen gewonnen werden sowie die Fähigkeit, im Pluralismus der Weltanschauung zu leben.
6. Der Schüler soll Fragen kennenlernen — das ist ein Akt der Befreiung. (Geburt, Tod, Hoffnung, Liebe, Freundschaft, Angst, Glück, Schuld, Vergebung, Leid, Zufall, Vertrauen, Verantwortung, Sorge, Scheitern, Spiel, Ekstase, Rausch.)
7. Der junge Mensch muß mit der geistigen Überlieferung vertraut gemacht werden.

Ein so aufgefaßter Religionsunterricht entgeht dem Vorwurf, nur der kirchlichen Nachwuchssicherung zu dienen. Bei ihm lohnt sich der personelle Einsatz.
Es könnte allerdings in der Synodenvorlage deutlicher gesagt werden, daß Bibel und Theologie der Mittelpunkt sind (gegen zu viele religionsphänomenologische, kulturgeschichtliche, anthropologische und gesellschaftliche Argumente).

Konfessionalität

Die »Schule für alle« ist weder für noch gegen die Konfessionalität. Die Frage ist: Bringt Konfessionalität ein »Mehr« an Offenheit?
Die radikalsten Fragen gehen ja nicht an die Unterscheidung, sondern an den *Glauben*.
Man kommt am besten weiter, wo nicht verwischt, sondern von klaren Positionen ausgegangen wird.
Der Religionsunterricht muß der Gesinnung nach ökumenisch sein. Das Bekenntnis aber drängt auf ganzheitlichen Ausdruck. Soziologisch gesehen ist Glauben »Wissen durch Mitgliedschaft« (Helle).
Die Schüler müssen beim Lehrer wissen, woran sie sind!
Insgesamt ist die Vorlage eine gute Einführung in die Problematik heutigen Religionsunterrichtes. Man spürt am Text die Teamarbeit. Ziel ist die Verbesserung und Weiterentwicklung des Religionsunterrichtes — ohne »daß die Schüler und Eltern in entscheidenden Daseinsfragen auf den kleinsten gemeinsamen weltanschaulichen Nenner heruntergedrückt werden«. Denn dadurch würde Christentum in der Tat auf eine Idee reduziert. Ausbau des schulischen Religionsunterrichtes und seine Ergänzung durch Gemeindekatechese sind ein gutes Konzept.

Anregungen für das Gespräch

1. Welchen Zielen im Religionsunterricht geben Sie den Vorrang?
2. Die Situation in den Schulen ist unterschiedlich. Wie ist Ihre Erfahrung?
3. Halten Sie das Konzept der Synode, den »Weg der Mitte« für möglich und richtig?

3. Ein zweiter Zugang: Elternkatechese

Katechese außerhalb der Schule

Jedes Jahrhundert im Laufe der Geschichte hatte seine Schwierigkeiten, Ausfallerscheinungen und Gefährdungen. In der gegenwärtigen Phase sind viele Menschen in ihren lebens- und heilsnotwendigen Fähigkeiten eingeschränkt, weil sie behindert sind in ihrem Grundverhältnis zur Wahrheit. Wir kennen die Gründe.
In dieser Situation bedarf es für Jugendliche und Erwachsene einer besonderen tiefen und intensiven religiösen Bildung. So ist es zu verstehen, daß einmal die bewährten Wege schulischer Katechese begangen, aber auch neue Zugänge gesucht werden.
Es zeigt sich vielerorts ein auffallendes und wachsendes Interesse an einer außerschulischen Glaubensunterweisung und religiösen Erziehung. Dabei muß von Anfang an einem Mißverständnis vorgebeugt werden: es wäre töricht, kirchliche Katechese aus Resignation gegenüber den Leistungen des schulischen Religionsunterrichtes entwikkeln zu wollen. Es wäre unklug, den Rückzug aus der Schule anzutreten und eine neue Bastion in Kleinkreisen

durch familiäre Katechese aufbauen zu wollen. Die Synode plädiert dafür, daß beide Wege gegangen werden, daß Regierungsunterricht und die kirchliche Katechese außerhalb der Schule wichtige, aber verschiedene Aufgabenfelder sind. Hier gibt es keine Konkurrenz, es kann nur von Ergänzung gesprochen werden.

Die Chancen des schulischen Religionsunterrichtes sind bekannt. Welche Argumente sprechen nun für die Katechese in der »Familiengruppe«? Die Erschließung dieses Aufgabenfeldes kostet Anstrengung und neue Kräfte, denn diese Gruppe von nebenamtlichen Katecheten muß ausgebildet und begleitet werden. Werden sich in den Pfarreien überhaupt genügend Erwachsene finden, die dazu bereit sind? Ein gedämpfter Optimismus ist zu rechtfertigen mit dem Hinweis darauf, daß sich trotz aller Bedenken in den Pfarreien, die dieses Experiment wagten, überraschend viele Erwachsene, die nicht Theologen sind, für diesen Dienst gemeldet haben. Was spricht für die Erschließung dieses Aufgabenfeldes? Die Zentralisierung des Schulsystems hat die notwendige Beheimatung der Kinder und Jugendlichen in ihrer Pfarrgemeinde sehr erschwert. Die außerschulische Katechese in der Kleingruppe wächst dagegen aus der Aktivität der Gemeinde und ist dort fest verankert. Die Glaubenserfahrung der aktiven Gemeindemitglieder wird eingebracht. Wo das Elternpaar nicht »praktiziert«, kann in einem Akt der Nachbarschaftshilfe ein Teil dieses Mangels ausgeglichen werden, weil neue Bezugspersonen gewonnen werden. Die emotionale Seite — im Schulbetrieb etwas zu kurz kommend — wird in den kleinen Gruppen berücksichtigt.

Die Kirche steht seit Jahren im Kreuzfeuer der Kritik. In keiner Zeit waren Jugendliche so informiert über die dunklen Punkte der Kirchengeschichte. Der Marxismus hat eine Sensibilität dafür gebracht, daß nicht nur Einzelpersonen sündigen können und umkehren müssen, son-

dern auch Verhältnisse und Institutionen sich erneuern müssen. In dieser Situation ist die Erfahrung, daß wir selbst Kirche sind, daß die Gestalt der Glaubensgemeinschaft von unserem Engagement abhängt, wertvoll. Reform lebt von dieser Mitarbeit im Kleinen.
Zu erwähnen sei noch: Die Erteilung dieser Katechese stellt den Glücksfall der Erwachsenenbildung dar — eine bessere Motivation zum eigenen Lernen gibt es nicht. Und schließlich kann die Krise der kirchlichen Jugendarbeit nur überwunden werden, wenn von unten her kleine Gruppen heranwachsen.

Anregungen für das Gespräch

Ein Erfahrungsaustausch mit Eltern, die Erstkommunionunterricht gegeben haben, könnte zu einem sehr anregenden Glaubensgespräch führen.

---

4. Konfliktbewältigung in der Kirche

Man darf sich gewiß etwas mehr Humor, Toleranz und Gelassenheit bei innerkirchlichen Auseinandersetzungen und Diskussionen wünschen.
Von der Synode in Würzburg bis zum Pfarrgemeinderat in »Klein Klottersbach« gibt es Anlässe genug, die »Tugend des Humors« zu pflegen. Jedenfalls steht den Zeugen der Frohen Botschaft tierischer Ernst und knurrendes Mißtrauen schlecht an.
Die katholische Kirche ist nicht mehr der erratische Block in der sonst pluralen Landschaft. Sicher kam in den letzten Jahren nicht ohne die Vorsehung Gottes vieles in Fluß. »Beuge, was verhärtet ist«, beten wir in der alten Pfingstsequenz.

Die verschiedenen Meinungen werden offen ausgetragen. Und überall, wo die Kirche nicht unfehlbar ist, kann es auch unterschiedliche Auffassungen geben.

Wir werden also in der Kirche mit Konflikten leben müssen. In der Sehnsucht eines jeden Menschen lebt die paradiesische Vorstellung vom absoluten Frieden. Von der Welt, »in der die Schwerter zu Pflugscharen umgeschmiedet werden« (Js 2,4) und »das Lamm beim Wolfe weiden und der Säugling am Schlupfloch der Otter spielen wird« (Js 11,6—8). Aber das ist die Endstation der Sehnsucht, verheißen für den Tag der Wiederkunft Christi. Jesus selbst nahm Konflikte in Kauf, ja er provozierte sie, um zu klaren Entscheidungen zu kommen. Die Geburtsstunde der Kirche steht unter dem Zeichen des Sturmes. Aus der Urkirche ist von Uniformität und Friedhofsruhe nichts bekannt.

Viele Ströme flossen zusammen, die sich alle der Gesamtkirche verpflichtet fühlten: die Theologie des Paulus, der andersartige, von alttestamentlichen Frömmigkeitshaltungen bestimmte Hebräerbrief, die wiederum eigene theologische Aussageweise des Johannes. Dazu Gemeinden, die nach Struktur, Entstehung, Leitung und Aufbau sehr verschieden waren. Der Einheit hat diese Vielfalt nicht geschadet.

Es ging nicht ohne Kämpfe — aber gerade die Auseinandersetzungen in den ersten Konzilien brachten wertvolle christliche Wahrheiten an den Tag. Es gab in der Kirchengeschichte schlimmere Phasen als heute: die Zeit der Gegenpäpste, Zeiten, wo man nicht für die Wahrheit starb, sondern um der Wahrheit willen tötete. Die Zeit der Renaissancepäpste, der Inquisition, der Ketzerprozesse, der Intoleranz und der damit verpaßten missionarischen Chancen in Asien und anderswo.

In der heutigen Kirche wächst mit zunehmender Tendenz das Bewußtsein, daß Christen geborene Anwälte der Unterdrückten sein müssen. Es wird offenbar: Kraft und

Stärke der Kirche ist nicht die Masse der Mitläufer, nicht das Milieu, die Gewohnheit und die Tradition. Die Gemeinschaft der Gläubigen wird heute und in Zukunft durch Entscheidung und bewußtes Mittun geprägt. Wir wollen keine Romantik der kleinen Herde pflegen, aber bei geringen Zahlen auch nicht den Kopf verlieren!
Niemand wird die gefährlichen Ströme des Zweifels und der Gottesferne verharmlosen, die das Fundament der Kirche umspülen, niemand den Mangel an Antenne für geistliche Wirklichkeit übersehen. Aber die Frage nach Sinnerfüllung, nach Glück und Heil wird gestellt. Die Aufgabe, die Botschaft von Gott und Jesus dem Christus zur Sprache zu bringen, erhält heute ihren besonderen Akzent: die Kirche muß einstehen für die Menschenwürde. Sie muß helfen, daß der Mensch nicht aufgerieben wird im Getriebe der Technik, der Leistung, der Wirtschaft und des Konsums, daß er nicht vergewaltigt wird von Ideologien und Utopien. Alle Gruppen in der Kirche haben ihren Teil dazu beizutragen.
Wer sich der Tradition verpflichtet fühlt, sollte bei Neuformulierungen nicht eine »weltanschauliche Schrecksekunde« erleiden. Die in menschliche Worte gefaßte Wahrheit ist immer »in irdischen, zerbrechlichen Gefäßen«.
Dem Vorwärtsdrängenden sollte bewußt sein, daß es auch eine ungute Anpassung an den Zeitgeist geben kann, und daß das Ärgernis des Kreuzes nicht aus der Botschaft verdrängt werden kann.

5. Heillose Unruhe? — Was kostet die Erneuerung der Kirche?

In der nachkonziliaren Kirche ist Unruhe, die verschieden gedeutet wird. Die einen begrüßen sie dankbar als ein Zeichen von Lebenskraft — die anderen sehen sie als ein Symptom des Zerfalls.

Papst Johannes XXIII. sagte bei der Eröffnung des Konzils, im christlichen Glaubensverständnis gebe es »il succo vitale« (einen lebensspendenden Saft). Deshalb forderte er, Bischöfe und Theologen sollten die ganze katholische Lehre zeitgerecht bedenken und für den gelebten Glauben neu aussagen. War tödliches Gift, was als belebende Vitaminspritze gedacht war?
Am aufregendsten ist die Tatsache, daß Gegensätze offenbar wurden, die keineswegs nur Formulierungen und Verfahrensfragen betreffen. Kirche als einheitlicher Block, als feste Burg — das auf Glanz getrimmte Kirchenbild — ist davon betroffen.
Aber war die Kirche früher wirklich nur geprägt von Zeitüberlegenheit, felsenharter Sicherheit und durch — vom Menschlichen abgehobene — Göttlichkeit? Mit solchen Formulierungen wurde man der Kirche noch nie gerecht. Ein kräftiges Stück Erinnerungsoptimismus schwingt da mit.
Die Kirchengeschichte berichtet von zahlreichen Kämpfen und Auseinandersetzungen, die geistig und leider auch auf andere Art und Weise ausgefochten wurden und manchmal wie Erdbeben die Christenheit erschüttert haben. Regelmäßig in solchen Situationen erscholl der Ruf nach Radikalkuren: Die Fanatiker hinterließen nur Scherben.
Die Göttlichkeit der Kirche besteht gerade darin, daß sie diese Krisen überstand. Irdische Reiche und Republiken zerbrechen im Feuertigel solcher Spannungen. Eine ganze Reihe von Heiligen und Kirchenlehrern war zunächst von ängstlichen Gemütern als Avantgardisten, Neuerer, Freigeister und Ketzer verschrien. Doch was gut war und der Intention Christi entsprach, setzte sich durch. Vieles, zuerst verurteilt, ging nachher in Lehre und Institution ein. Kann man hinter dem Aufbruch heute, mit all seinen unangenehmen und unbequemen Folgen, etwas Gutes sehen? Bricht das eigentliche Wesen der Kirche wieder

durch? Jedenfalls erscheint es unmöglich, jetzt den Rückwärtsgang einzuschalten. Es ist unmöglich, das Terrain wiederzugewinnen, das mit einem Sprung über den Graben verlassen wurde. In der Geschichte gibt es nur ein Vorwärts. Diese Regel gilt auch für die Gemeinschaft der Glaubenden. Abraham wagte die Wanderung ins Unberechenbare. Seitdem geht das Abenteuerliche mit. Die ganze Menschwerdung steht unter diesem Gesetz. Heute erleben wir mit allen Konsequenzen, daß die Kirche des Menschensohnes gestiftet ist für die unvollkommenen, sündigen, ringenden, suchenden Menschen.

Die Verheißung Christi garantiert nicht Getto und Fluchtburg, sondern Auftrag und Wagnis. Es geht nicht um Selbstbehauptung der Kirche, nicht um unkirchlichen Triumphalismus, um einseitige Betonung des göttlichen Wesens — das Konzil umschreibt die Kirche als eine dienende, und das mit Recht, weil es der Schrift entspricht. Dienen heißt aber für andere da sein, in der Rangordnung der Werte nicht an erster Stelle stehen. Dienen heißt auch Mittragen und Mitfühlen mit allen, die an den Problemen, den Fragen und Nöten der Zeit leiden.

Diese Offenheit bewahrt die Kirche davor, zu einer Sekte zusammenzuschrumpfen. Niemand sollte den Rahmen enger ziehen, als von der Schrift erlaubt wird. Großmut ist christlicher als Ängstlichkeit.

Die Kirche kann der Unruhe der Welt nicht ausweichen. Ihre Aufgabe ist es, die unbestimmte Sehnsucht der Menschen in eine gezielte Unruhe zu Gott hin zu wandeln. Dann wird diese Unruhe heilsam sein.

Anregungen für das Gespräch

Gibt es in der Pfarrgemeinde Spannungen — und wie können sie beseitigt werden? (Siehe: Hirtenbrief des Bischofs von Limburg 1972)

Drittes Kapitel

Schatten

1. Auschwitz und der gute Gott

Der Arzt, der eilfertig am Unfallort vorüberfährt und Verletzte unversorgt liegen läßt, handelt sich einen Prozeß ein. Er wird der unterlassenen Hilfeleistung angeklagt. In einer eigenartigen Mischung von Glaube und Unglaube klagen viele Menschen Gott an, daß er das Unheil in der Welt nicht verhindert.
Warum ließ er Auschwitz zu?

Das Kreuz

Es ist das Problem des Kreuzes. Wir Christen wurden in der Taufe mit diesem Zeichen gesiegelt. Das Kreuz ist ein Symbol der Existenzweise unserer Welt. Es ist der Sammelbegriff für das Leid, das tausend Namen trägt: Krankheit und Krieg, Haß und Hochmut, Faulheit und Feigheit, Gier und Geiz, Einsamkeit und Ungeborgenheit, Flucht vor der Verantwortung und Bedrohung durch die Gewalten der Natur. Der Mensch, der in diese Unheils-

situation hineingeboren wird, ist immer wieder ein Leidender.
Wie stehen Christen zu diesem Tatbestand? Aus der Schrift wissen wir:

Kein Sozial-Evangelium

Das Kreuz ist und bleibt das Gleichnis der Grundsituation jedes menschlichen Daseins. Es wäre ein gefährlicher Irrtum, heute im Namen Christi ein Sozial-Evangelium lehren zu wollen, das eine innerweltliche Lösung aller Probleme verspricht.
Es gibt aber auch keine Gemeinschaft, die so auf Leben und Tod sozial verpflichtet ist, wie die Gemeinschaft der Glaubenden. Wir können die Dinge nicht treiben lassen. »Was ihr dem Geringsten getan habt, habt ihr mir getan.« Mehr, als es hier zum Ausdruck kommt, kann man sich nicht solidarisieren. Wir essen uns die Eucharistie zum Gericht, wenn wir selbstzufrieden am Leid vorbeileben.
Es bleibt aber die Frage: Mußte das Leid sein und woher kommt es? Reicht es zu sagen: Mit dem Kreuzestod des Gottessohnes ist erwiesen, daß Gott uns liebt? Oder ist das eine billige Vertröstung?

Versuch einer Antwort

Um darauf eine Antwort zu geben, müßte man davon ausgehen, daß der Christ ein Mensch ist, der von dem Gedanken getroffen wurde, daß Gott nur göttlich sein kann, nichts Kleinliches, Übles, Böses an sich haben kann. Daß also alles Schlechte, das in der Welt ist, nur eine Folge unserer Charakterschwäche ist, daß auch Naturkatastrophen eine Folge der Abwendung von Gott sind.
Damit wird die Last nicht geringer, die Finsternis der Welt nicht erhellt. Aber aus dieser Überlegung kann der Mut wachsen, trotz aller Widersprüche und unlösbaren-

Probleme, sich kopfüber in die Unbegreiflichkeit Gottes zu stürzen. Sich zu einem solchen großen Gottesbild aufzuschwingen, gehört zu den Grundentscheidungen unseres Lebens. Wer sich Christ nennt, kommt an dieser Aufgabe nicht vorbei.
Ein Fundament kann dieses Vertrauen in der Überlegung finden, daß Liebe unmöglich ist ohne Freiheit der Entscheidung. Offenbar ist Gott bereit, das Risiko menschlicher Freiheit bis hin zu den Exzessen von Auschwitz einzugehen.

Anregungen für das Gespräch

Menschen zerbrechen am Leid. Gott ist der Unberechenbare, der Unbegreifliche. Welche Aussagen der Schrift helfen dem Christen, mit dem Leid in seinem Leben fertig zu werden?

---

2. Die Lektion der Leidensgeschichte

»Das Christentum ignoriert die skandalöse Wirklichkeit des Kreuzes. Jesus ist als ein politisch Verfolgter gestorben. Er hat die fromme Gemeinde verlassen, sich zu Bettlern, Zöllnern und Sündern gesellt und ihnen beigestanden, was ihm einen tödlichen Konflikt mit der politischen Gewalt gebracht hat.«
Der Theologe Prof. Käsemann verbreitet diese These. Sie stimmt nicht, wenn man das Evangelium als Ganzes nimmt. Gewiß gibt es eine politische Komponente. Jesus brachte Unruhe in den religiösen Bereich, und das mußte im damaligen Jerusalem auch auf den politischen Sektor wirken.

Aber die Botschaft des Kreuzes hat keine politische Zielrichtung: Jesus stellte die religiöse Ordnung in Frage, prophezeite den Untergang des Tempels, schenkte seine Liebe auch — aber nicht allein — den Gesetzesbrechern und war so eine Provokation für die kirchliche Autorität. Die Theologen seiner Zeit hätten umdenken, ihre Selbstsicherheit in Frage stellen, offen sein müssen für das »neue Gebot«.

Es war kein Zufall und kein politisches Mißgeschick, daß Jesus am Kreuz endete. Es war der Wille des Vaters! Dieses schreckliche Geschehen sollte zeigen, wie sehr Gott den Menschen zugetan ist. Aber auch wie schlimm Abwendung von Gott sein muß, daß sie in dieser Weise gebüßt wird. Das Ende Jesu am Kreuz ist eine Demonstration dafür, daß das Leiden zu unserer Existenz gehört.

Als Christen müssen wir ohne jedes Deuteln bekennen: wir stehen unter dem Kreuz. Der Mensch ist ein Leidender. Diese Tatsache durchwirkt alle Dimensionen unseres Daseins. Immer wieder scheitern wir. Das gilt trotz aller technischen Siege für unser Verhältnis zur Natur. Das gilt für alle wissenschaftlichen, sozialen und politischen Probleme, um die wir ringen. Die Welt ist und bleibt eine gekreuzigte!

Wenn das alles für den Christen trotzdem kein Plädoyer für Weltpessimismus bedeutet, dann nur deshalb, weil wir im Kreuz Sinn und Heil finden können. So schwer der »Wille des Vaters« auf unserem Nacken lastet, so sehr wir rufen möchten: »Mein Gott, mein Gott, warum hast du mich verlassen?« — so dürfen wir davon überzeugt sein, daß Christus den Schuldbrief der Menschheit auf sich gezogen, ihn im Kreuz eingelöst hat. So ist das Kreuz der Durchgang zur neuen österlichen Wirklichkeit. Das Kreuz ist nicht das Zeichen eines heroischen, hoffnungslosen Untergangs, sondern als Lebensbaum Garant einer neuen Zukunft.

»Kommet zu mir, die ihr mühselig und beladen seid! Ich will euch erquicken! Wer an mich glaubt, hat das Leben.« Als Jesus in der Stunde tiefster Erniedrigung gefangen vor dem Hohepriester stand, stellte dieser an Jesus Fragen über seine Jünger und seine Lehre. Was die Lehre anbelangt, wies Jesus auf die Öffentlichkeit seines Redens hin. Über die Jünger sagte er nichts. Offenbar war das eine peinliche Frage. Alle waren auf der Flucht. —
Das gibt zu denken. Die Flucht vor dem Kreuz trennt den Jünger von Christus. Auch eine Flucht in den sozialen und politischen Raum. Wer ihm nachfolgen will zur österlichen Freude, muß sein Kreuz tragen.

3. Versöhnung

Von Versöhnung reden viele. Der Papst, die Politiker. Versöhnung zwischen Ost und West, zwischen Israelis und Arabern, irischen Protestanten und Katholiken. Gerechter Ausgleich zwischen Nord und Süd, zwischen Arm und Reich. Abschaffung der Folter und Geiselnahme, der Ausbeutung, Unterdrückung und Diktatur ...
Jedoch es zeigt sich kein Hoffnungsstreifen am Horizont. Unschuldige und Kinder werden auch in kommenden Kriegen durch Napalm zu Brandfackeln, die Würde ganzer Völker durch Diktatoren mit Füßen getreten, Millionen verhungern — während 1974 für Rüstungsaufgaben 800 Milliarden ausgegeben wurden.

Ohnmacht des einzelnen

All das kann man als Christ und Einzelmensch eigentlich nur mit dem bitteren Gefühl der Ohnmacht betrachten. Denn die Mächtigen der Welt wollen oder können nichts ändern. »Sie sitzen in ihren Sesseln und diskutieren.«

Also bleibt nur der Rückzug auf den eigenen, privaten Bereich: Versöhnung mit sich selbst und Ende des Kleinkrieges mit der Umwelt? Es scheint so, als würde die Privatisierung der Versöhnung auch von der Schrift empfohlen. Heißt es nicht: »Das alles aber kommt von Gott, der uns mit sich versöhnt durch Christus« (2 Kor 5). Ist ER es nicht allein, der den Durchbruch zu Friede und Versöhnung am Kreuz geschafft hat? Und können die Früchte dieser Versöhnungstat nicht erst in einem Jenseits aller irdischen Beziehungen und Möglichkeiten geerntet werden? Ist es nicht unsere Aufgabe, hier geduldig das Kreuz einer unversöhnten Welt zu tragen, damit wir gerechtfertigt werden und das Heil im Jenseits erfahren? Das aber bedeutet das Ende aller irdischen Hoffnung auf Friede und Versöhnung. Also Vertröstung — statt hilfreichem Trost!

Viele Wege

Gerade weil es bei der Versöhnung um das Ganze des christlichen Glaubens geht, gibt es viele Wege, die zum Ziel führen. Richtungsweisend ist die Offenbarung. Innerhalb der Schrift ist Paulus der Lehrmeister, der das Wort Versöhnung ausdrücklich gebraucht. Er ist zum Interpreten der Versöhnung geworden. Er mußte selbst harte Kämpfe innerhalb der urchristlichen Gemeinde austragen, wobei es um seine Anerkennung als Apostel ging. Trotz offenbar schmerzlicher Erfahrungen schreibt er:
»Gott war in Christus und hat alle Welt mit sich versöhnt.« Versöhnung ist deshalb nicht das Ergebnis menschlicher Leistung, unserer eigenen, auch fromm gemeinten Bemühung. Sie kommt von Gott und kann nur begriffen werden als seine Initiative, als Geschenk und Entgegenkommen.
Maßstab ist Christus der Gekreuzigte, der durch einen unversöhnlichen Konflikt ans Kreuz gerät. Er erleidet den

Verbrechertod und wird als öffentlicher Sünder hingerichtet. Ja, Paulus sagt: er wird für uns zur »Sünde«. Er ist der Sündenbock der Menschheit. Und weil er das für uns getan hat, geht unsere Versöhnung und unsere Freiheit auf sein Konto.

Einsatz — nicht Erfolg entscheidet

Also bleibt es beim Achselzucken und dem Gefühl der Ohnmacht — angesichts der friedlosen, unversöhnlichen Welt?

Nein. Ein Leben in der Nachfolge Jesu erlaubt es nicht, die Hände in den Schoß zu legen. Wo immer im Leben Jesu das Licht der Versöhnung leuchtet, da werden auch die Schatten deutlicher. Jesus wird zu einem Zeichen des Widerspruches. Er stößt auf Protest und Ablehnung. Am Beispiel Jesu wird deutlich, daß es ohne Entscheidung und Widerspruch, ohne Mut und Konflikt nicht geht. Gerade um »des lieben Friedens willen« müssen schwierige Situationen durchgestanden werden. Billiger ist — so lehrt es das Leben Jesu — Versöhnung nicht zu erreichen!

Aber die vorauszusehende Erfolglosigkeit?

Im Gleichnis von den Talenten lehrt uns der Herr, daß es nicht auf den Erfolg, sondern auf den Einsatz ankommt. Wer gar nichts tut, wird verurteilt — wer sich einsetzt, wird auf jeden Fall gelobt. Was ihr dem Geringsten getan habt, das habt ihr mir getan — das ist die Bemessungsgrundlage beim Gericht. Versöhnung gehört zu den Taten, ohne die es keine Rechtfertigung gibt.

Anregungen für das Gespräch

Welchen Beitrag kann eine Gruppe zur Versöhnung in der Gemeinde — zur Versöhnung in der Welt leisten?

---

4. Tod und Gesellschaft

Seit 1952 hat der Staat seinen Bürgern den Volkstrauertag verordnet. Er findet in Parallele zum kirchlich geprägten Totensonntag statt und soll alle — jenseits von Konfession und Weltanschauung — im Gedenken an die Toten der Weltkriege vereinen. Es ist ein Stück Aufarbeitung und Wiedergutmachung des Staates in eigener Sache. Denn seine Institutionen waren es schließlich, die versagt haben und das Massensterben der Unschuldigen verursachten.

Der Toten soll gedacht werden, die meist in gutem Glauben hinausgezogen sind. Aber der Volkstrauertag ist ein Stück Routine geworden. Ein paar Kranzniederlegungen und Sonntagsreden — nur wenige, die zuhören. Sonst ein Sonntag wie alle anderen. »Lustbarkeiten« finden im November sowieso nicht im Freien statt.

Hinter dieser Teilnahmslosigkeit am Volkstrauertag steht ein Phänomen, das Beachtung verdient: Unsere an Leistung und Fortschritt orientierte Gesellschaft scheint Sterben und Tod aus dem täglichen Erfahrungsbereich und aus dem Bewußtsein überhaupt ausklammern zu wollen. Das gelingt nicht. Denn der Tod ist — trotz hoher und wachsender Lebenserwartung — gegenwärtig bedrohender als früher. Täglich sterben Menschen auf der Straße — oft ein Opfer übersteigerten Lebenstempos, das sich im schnellen Verkehr einen Ausdruck verschafft. Die Bilder qualvollen Sterbens in den Hunger- und Katastrophengebieten werden durchs Fernsehen frei Haus geliefert. Das Damoklesschwert eines neuen Krieges hängt über den Krisengebieten der Welt. Mit erschütternder Eindringlichkeit zeigt die Selbstmordstatistik, wie viele Menschen mit der Möglichkeit des Todes als einem erlösenden Ausweg aus der Sinnlosigkeit des Lebens spielen.

Ein Teil der Kriegsopfer, deren Tod wir am Volkstrauertag beklagen, wäre inzwischen auch eines natürlichen Todes gestorben. Was wir als das Besondere ihres Schicksals ansehen, ist der Umstand ihres Sterbens: in der Fremde, von ihrer Familie und ihren Freunden getrennt. Aber ist nicht gerade das heute auch in der Heimat üblich? Wird das Sterben nicht meist in die Einsamkeit, die Anonymität oder den Automatismus überlasteter Kliniken verbannt? Wie steht es heute mit menschlicher Hilfe und Beistand? Die Möglichkeit des Arztes, nicht nur das Leben — sondern auch das Sterben zu verlängern, betrifft auch die Verlassenheit derer, die wochenlang dahinsterben.

Für uns Christen ist Jesus Christus der Trost. Sein Tod war nicht Untergang, sondern Beginn zu neuem Leben. Sein Leben war nicht Scheitern, sondern Auftakt zu ungebrochener Hoffnung. Seine Ohnmacht war nicht Resignation, sondern Befreiung aus der Qual der Aussichtslosigkeit und der Verzweiflung.

Dieses Wissen erspart uns nicht das Zittern und Bangen — aber die Gewißheit, daß ER uns nicht allein läßt, bedeutet etwas. Diese Zuversicht müßte den Sterbenden mehr zugesprochen und glaubhaft verkündet werden. Deshalb erscheint es sinnvoller, in die Abstellkammern der Kliniken zu gehen, als an Kriegsdenkmälern große Reden zu halten. Es gehört sicher mehr Mut dazu, die Gegenwart des Sterbens zu bewältigen, als die Vergangenheit zu beschwören. Aber nur derjenige, der begründete Hoffnung für die Zukunft hat, ist recht am Platze.

Anregungen für das Gespräch

Wir laden einen Krankenhausseelsorger ein und besprechen mit ihm das Problem: Wahrheit am Krankenbett — Umgang mit Sterbenden.

Viertes Kapitel

Sakramente

1. Was bietet mir eine Messe?

Die Frage klingt ehrfurchtslos. Schließlich ist die sonntägliche Eucharistiefeier Höhepunkt im christlichen Glaubensvollzug. Außerdem gibt es das Sonntagsgebot.
Die Statistik weist nach, daß die Zahl der Gottesdienstbesucher abnimmt. Darüber kann auch der »Wanderungsgewinn« in Ballungsgebieten nicht hinwegtäuschen. Die Praxis vieler Christen ist lax und liberal geworden. Die totale Infragestellung christlicher Lebenswerte macht sich bemerkbar.
Nicht wenige kochen religiös auf Sparflamme. Ihre Verbindung zur Kirche beschränkt sich darauf, diese Institution für die Gestaltung von »Schwellensituationen« — Geburt, Eheschließung, Tod — in Anspruch zu nehmen. Ansonsten begnügen sie sich mit einer Rundfunkansprache oder schauen durch das »Fenster des Fernsehens« in den Kirchenraum. Gewiß bieten sich da wichtige Formen der Verkündigung. Aber sie allein reichen nicht aus.
Warum fordert die Kirche persönliche Teilnahme, wenn

Fernsehen oder Rundfunk »frei Haus« liefern? Gibt es Früchte, die nur im personalen Mitvollzug, in der Gemeinschaft reifen? Der Glaubende lebt in der Hoffnung, daß er jenseits der Todesgrenze in die lebenbringende Gemeinschaft Gottes aufgenommen wird. Wer diese Dimension seines Lebens wahrnimmt, für den wiegt das »Opfer« der einen Stunde am Sonntag wenig. Die Frage nach der Messe ist die Frage nach der Echtheit des Glaubens. Gewiß, mit manchen Formen und Formulierungen kann man sich schwertun. Aber mit Konsumenthaltung wird man dem Ereignis Eucharistie nicht gerecht. Die Messe ist nicht einer Unterhaltungssendung vergleichbar. Ohne Engagement geht es nicht.

In den letzten Jahren sind manche Formen östlicher Meditation Mode geworden. Dahinter steht die Suche nach dem Sinn des Daseins, die heute viele Menschen beschäftigt. Der Not der Nachkriegsjahre sind wir entkommen und leben seit Jahren im Wohlstand. Vielen ist inzwischen klar geworden, daß alles zu haben nicht die Endstation der Sehnsucht bedeutet. Die Frage nach dem eigentlich tragenden Grund unserer Existenz läßt sich nicht verdrängen. Auf sich allein zurückgeworfen kann der Mensch dieses Problem nicht bewältigen. Hier bedarf es des klärenden Wortes, das von dem kommt, der Anfang und Ende setzen kann, und dessen Wort deshalb auch bewirkt, was es aussagt. Hierzu bedarf es auch der Gemeinschaft der Glaubenden. Beides vermittelt Eucharistie. Es gibt in der Schrift Schlüsselworte, die schon eine Weltanschauung für sich bedeuten. Wer Gott als Vater anzusehen vermag, der hat das bedrückende Gefühl überwunden, einem blinden Gefüge von Schicksalskräften ausgesetzt zu sein. Dieses Wort allein überwindet den Abgrund der Sinnlosigkeiten und Absurditäten und läßt hoffen. Eucharistie als Verbindung mit Christus läßt das Modewort Solidarität in einem neuen Licht erscheinen. In dieser Begegnung liegt eine Chance, die nicht überboten werden kann. Wir klagen über Einsamkeit in der technischen Massengesellschaft. Gott bietet Gemeinschaft an. In vielen Formen, wo zwei oder drei zusammen sind, wo einer sich öffnet im Gebet — die höchste Form aber ist nach dem Wunsche Christi das Gedenken an sein Leben, sein Leiden und seine Auferstehung — gegenwärtig in der Feier der Eucharistie. In der heutigen Welt erscheint die Macht des Menschen erschreckend, die Probleme des Zusammenlebens sind schwieriger. Die allseits geforderte Menschlichkeit muß tiefer verankert sein. Sie bedarf einer Zukunft, auf die man hoffen kann. Diese Zukunft ist nur da, wo eine Verheißung besteht. Und nur in einer begründeten Verheißung wird die Sinnlosigkeit überwunden. Das alles bietet sich dem, der sich gläubig entscheiden kann. Entschiedenheit aber sucht Ausdrucksformen. Eucharistie bietet eine Antwort auf die urmenschlichen Fragen nach Glück, nach Heil, nach Sinn von Welt und Geschichte, nach Rettung vom Tod und Sicherheit in wechselndem Schicksal.

Anregungen für das Gespräch

Anläßlich eines Familiengottesdienstes mit Kindern wird die Frage: »Was gibt mir eine Messe?« zum Thema eines Predigtgesprächs.

---

2. Bußgottesdienst gegen Einzelbeichte?

Buße ist ein wesentliches Element der Predigt Christi. Die Kettenreaktion der Schuld ist in der großen Politik wie im kleinen Alltag nicht zu übersehen. Deshalb ist Neuanfang immer notwendig.

Als in den sechziger Jahren geschäftstüchtige Omnibusunternehmer deutsche Katholiken zu den ersten Bußgottesdiensten nach Holland brachten, begann eine heftige Diskussion. Diese Zeit ist offenbar vorüber. Aber die Ruhe an der »Bußfront« verheißt nichts Gutes. Die einen sehen im persönlichen Sündenbekenntnis die Hochform, wollen deshalb nicht länger diskutieren, damit sich möglichst rasch wieder alles auf die vorkonziliare Praxis einspielt. Damit ist aber die Krise nicht überwunden, denn die Zahl der Einzelbeichten ist stark zurückgegangen. Bußgottesdienste sind dagegen gut besucht. Eine neue Sensibilität gegenüber gemeinschaftlichem und gesellschaftlichem Verschulden begünstigt diese Form der Besinnung auf menschliches Versagen.
Wie wird es weitergehen? Bleibt am Ende nur ein Defizit? Seit Jahrzehnten gibt es in der evangelischen Kirche — gerade unter fortschrittlichen Theologen — den Versuch, neue Bußformen einzuführen. Persönliches Bekenntnis und Aussprache werden empfohlen. Aber es hat sich kein Sauerstoffzelt gefunden, unter dem früher verkümmerte Formen belebt werden könnten. Deshalb wäre es ein Verlust, wenn »diese Sache« bei uns verschwinden würde.
Wer echte Buße tun will, sucht nicht die Konfrontation mit dem Katalog der Sünden und Fehler, sondern die Begegnung mit Gott, der zur Umkehr und zur Überprüfung der Grundhaltung ruft. Welche Form ist dafür geeigneter?

Zwei gültige Formen

Bei der Bestandsaufnahme sind die Fehlentwicklungen im Bereich der Einzelbeichte leicht aufzuzeigen: das unpersönliche Bekenntnis und die manchmal formelhafte Abfertigung im Zuspruch; Mangel an Einsicht, daß die sündigen Neigungen nicht mit der Absolution verschwinden. Die an einen Automaten erinnernde Schnelligkeit des Ablaufes ...

Auf der anderen Seite: auch der Bußgottesdienst kann schnell zur Routine werden, ein Mittel zur inneren Selbstberuhigung.
Dauernde Meditation und Rückgriff auf die Schrift sind nötig. Dort erfahren wir: Gott steht unserem Tun nicht ohne Interesse gegenüber, falls wir in den wichtigen Lebensvollzügen einen Weg zu ihm suchen. Wo Gott uns entgegenkommt, ist eine personale Entscheidung als Antwort unumgänglich. So wird im Sakrament auf das Verheißungswort Christi hin, das Heil des im Letzten siegreichen Gottes sichtbar in der Geschichte des Menschen.
Die Frage: »Was wirkt nun besser — Beichte oder Bußgottesdienst?« kann deshalb nicht gestellt werden, weil diese Argumentation die Ebene der Freundschaft nicht erreicht, die im Gleichnis vom verlorenen Sohn und dem gütigen, entgegenkommenden Vater beschrieben wird.

Auf den Vollzug kommt es an

Die Einzelbeichte gibt die Möglichkeit der Aussprache. Die Psychologen preisen das Gespräch und loben seine heilsamen Wirkungen, deshalb sollte dieses Element nicht veröden, sondern entwickelt werden.
Der Bußgottesdienst ist wertvoll, weil er alle Elemente der Hinführung zur Umkehr und Erneuerung enthält, die auch im Wortgottesdienst der Eucharistie zu finden sind.

Gewissensentscheid ist nötig

Beichte oder Bußgottesdienst? Die Antwort kann nach katholischem Muster nur lauten: sowohl als auch. Die Vielzahl der Formen ist ein Gewinn. Die Gewissensentscheidung bleibt dem einzelnen nicht erspart. Keiner sollte es sich damit zu leicht machen.

Anregungen für das Gespräch

1. Welcher Akzent beim »Umkehren« und »Neuanfangen« kommt dem Bußgottesdienst zu?
2. Welche besondere Hilfe ist nur in der persönlichen Beichte möglich?
3. Ist Umerziehung nötig, um die Gemeinden fähig zu machen, beide Bußformen anzuerkennen und zu nutzen?

---

3. Priester — Ein aussterbender Beruf?

Aus einer Primizpredigt

Die Feier der Primiz hat einen eigenen Glanz. Es gibt keinen Beruf, der einen so feierlichen Anfang setzt.

Woher kommt die Freude dieses Tages?

Die Kirche freut sich, daß sie wieder einen Priester hat. Und dann: daß der junge Mann einen nicht leichten Weg gegangen ist. Irgendwann ist ihm das Priestertum als etwas Köstliches und Wertvolles erschienen. Vielleicht war es der Glaube in der Familie, ein priesterlicher Freund, frühere Primizen in der Pfarrei oder das Apostolat in einer Jugendgruppe. Es steht uns nicht zu, das zu wissen.

Aber das gibt es heute nicht mehr

Daß ein junger Mensch nur in den klerikalen Zug einsteigen muß, um auf festen Gleisen völlig unangefochten und vor allen Stürmen bewahrt, sein Ziel erreicht. Gott

ruft und lädt ein, aber er zwingt nicht. Zur Freundschaft kann man niemanden zwingen.
Nie war der Schöpfungsauftrag zur Weltbewältigung so interessant und erfolgreich wie heute im Zeitalter der Atomkräfte, der Kybernetik, der Raumfahrt, der Herzverpflanzung. Der unbezähmbaren Lust des Menschen, alles Machbare auch zu probieren, sind ungeahnte Möglichkeiten gegeben. So gibt es eine Menge faszinierender Berufe im naturwissenschaftlich-technischen Bereich. Berufe, die Erfolge bringen, wo man sehen und greifen kann, was man geschaffen; die etwas einbringen, was sich zählen und messen läßt. —
Wir entdecken heute die Werte des Personalen neu. In der kalten und unpersönlichen Welt der Apparate und Maschinen, in den Ballungsräumen unter der Masse ist die personale Begegnung der Geschlechter, die eigene Familie von hohem Wert. —

Und dann kommen die Skeptiker!

Sie warnen vor dem Beruf des Priesters:
Ist dieser Beruf nicht ein enger, festgefügter Rahmen? Wo doch Beweglichkeit, Dynamik, Initiative heute nötig sind für ein volles Menschentum? —
Liegt nicht viel Staub auf den Altären der Kirche, in Jahrhunderten angesammelt? —
Ist der Dienst in der Kirche heute nicht übermenschlich schwer, weil das Schiff mitten im Meer überholt werden muß? —
Die Welt ist doch entgöttert und entdämonisiert. Die Menschen halten nur noch für wahr, was sie sehen und begreifen können. Ist es da nicht schwer, von der geheimnisvollen Wirklichkeit zu sprechen, die im Jenseits aller irdischen Beziehungen und Möglichkeiten liegt? —
Überhaupt: wollen die Menschen heute nicht Rezepte,

wie man auf dieser Erde glücklich wird? Statt Worte, die man einfach glauben muß. —

Demgegenüber steht der Ruf Gottes

Gott braucht Menschen. Es sind — im Sinne der menschlichen Rhetorik — sehr schlichte und einfache Worte, die da sagen:
Wer mein Jünger sein will: Folge mir nach!
Wer es fassen kann, der fasse es!
Tut dies zu meinem Andenken!
Ich bin das Licht der Welt!
Ich bin die Auferstehung und das Leben!
Dazu muß eine rechte Sicht der Dinge kommen, ein Urteil, was das Leben bringt. Ein reifes Urteil! Ein Wissen darum: daß wir Menschen hier Häuser bauen — und doch keine Heimat haben; daß wir miteinander reden — und uns doch im Letzten oft nicht verstehen; daß wir auf vielen Straßen gehen — aber doch alle Wege in dieser Welt im Kreise herumführen; daß wir immer neue Sicherungen erfinden und die Lebensangst doch bleibt. —
Ja, daß wir Menschen oft nicht wissen: Ist Wohlstand unser Glück — oder wäre weniger besser; ist Gemeinschaft — oder Einsamkeit fruchtbarer für uns; ist größere Aktivität — oder mehr Ruhe für uns angebracht.

So muß das alles abgewogen und zusammen gesehen werden. Die faszinierenden Möglichkeiten eines jungen Lebens, die rechte Sicht der Welt, der eigene Glaube und die unüberbietbare Treue Gottes. Vielleicht geht es auch dann nicht ohne Krise, so daß das Wort Christi Geltung erhält: Willst auch du gehen? — Aber auch die Antwort: Wohin soll ich gehen, Herr, Du hast Worte des ewigen Lebens! Gott gebraucht Menschen und die Kirche — wir alle — brauchen den Priester. Denn alle Menschen, auch die ihn lästern, leben nur von ihm.

Der Priester bleibt Mensch

Nach diesem schwierigen und entscheidenden Wegstück steht der Priester vor uns. Er ist Mensch, aus den Menschen genommen und deshalb allen nahe. Auch er ist mit Schwächen behaftet. Manche wollen einen Priester haben, der immer vollkommen ist, ein höheres Wesen, das immer siegreich ist. Aber der Priester ist unser Bruder, der unser Los trägt. Gewiß, er ist verpflichtet, mit seinen Talenten zu wuchern, sein Licht leuchten zu lassen. Er muß ringen um das Wachsen seiner Persönlichkeit. — Es ist nicht egal, was für ein Mensch er ist!
Gott hält sein Werkzeug, er bleibt bei seinen Dienern. »Nicht ihr habt mich erwählt — ich habe euch erwählt!« Und deshalb hält das katholische Volk zu seinen Priestern — besonders auch in den Zeiten der Verfolgung, weil es weiß, daß sie schwach sind und doch stark in der Hand Gottes. —

Die Aufgaben des Priesters

Aufgabe des Priesters ist es, den Dienst am Wort zu leisten. Das Menschenwort ist gering und zerbrechlich — gemessen am Inhalt der göttlichen Wahrheit. Deshalb muß es immer wieder neu verkündet, übersetzt in die Sprache unserer Zeit ausgelegt und erklärt werden. Vielleicht klingt es manchmal monoton, unwahrscheinlich aus dem Munde eines Menschen — und ist doch die einzige Wahrheit, die Bestand hat. »Wer euch hört, der hört mich — wer euch verachtet, der verachtet mich«, sagt der Herr.
Der Priester ist schließlich Verwalter göttlicher Geheimnisse. Ihm ist ein Wort gegeben, das zugleich bewirkt, was es verkündet. Ein Wort, das den einzelnen in seiner einmaligen Geschichte trifft, das im Zeichen andeutet, was es bewirkt. — Der Priester leiht dabei seine Hände und

seinen Mund. Er holt damit die Wirksamkeit Gottes in den Raum der Kirche. So sind zusammen um den Altar: Wir, die Gemeinschaft der Gläubigen, die Kirche, Christus und das Opfer des Kreuzes, die Lebenden und Verstorbenen, die Not der Erde und die Freude des ewigen Lebens.

Die Antwort des Priesters

kann nur Treue sein. Treue zum Herrn, der ihn gerufen hat zur Gemeinschaft der Kirche, der glanzvollen und armseligen zugleich. Treue zum Wort Gottes und zum Auftrag.

Anregungen für das Gespräch

1. Worauf führen Sie den Priestermangel zurück?
2. Welche Aufgaben sind unverzichtbar dem Priester vorbehalten?
3. Sollten in Missionsländern bewährte Katechisten zu Priestern geweiht werden?

Fünftes Kapitel

Im Laufe des Jahres – Akzente im Kirchenjahr

1. Auf der Rennstrecke des Jahres (Advent, die sogenannte stille Zeit)

Ärzte und Psychologen bemühten sich vergeblich um die angegriffenen Nerven der Patientin. Angeblich leidet sie unter den Geräuschen der Großstadt, fühlt sich vom Beton der City erdrückt. Partys bringen nur Leere und Langeweile. Ein Liebesabenteuer führt in die Sackgasse. Was bleibt, ist Sehnsucht. Schließlich flieht sie auf ein Schiff. Aber auch die Weite des Meeres schafft keine Besserung. Die Sehnsucht bleibt. Für die Flucht vor sich selbst gibt es kein Ziel. — Diese simple Story aus einem mittelmäßigen Film birgt Elemente für die Adventsbetrachtung in sich.

Advent ist Sehnsucht

In dieser Zeit kommt uns deutlicher als sonst die Grundbefindlichkeit unserer Existenz zum Bewußtsein. Die Jahreszeit — wie auch die Liturgie mit ihrem Blick auf die Vergangenheit, auf den Advent der Völker — alles spiegelt Sehnsucht. Der Mensch steht gewiß am Ende einer Evolutionskette der Natur, zugleich aber hat er Eigenschaften, die ihn entscheidend über alle anderen Glieder der Kette hinausheben. Er hat die Möglichkeit, sich selbst auf ein Höheres, Geistiges hin zu überschreiten. Deshalb geht auch die Sehnsucht über den Horizont des Irdischen hinaus.

Advent ist Suche nach Glück

In der Zeit des Nebels und der Dunkelheit wird uns die Verwundbarkeit alles Menschlichen bewußter: Wir erfinden immer neue Sicherungen — die Existenzangst bleibt. Wir gehen mit vielen Menschen unseren Weg — und sind doch im Letzten allein. Wir haben Wohnungen und Häuser — und werden das Gefühl der Heimatlosigkeit nicht los. Wir suchen viele Straßen — und sind nie am Ziel. Wir leisten uns eine Menge Zerstreuungen — und sind doch nicht glücklich.

Advent braucht Stille

Antwort erhalten wir, wenn wir zu uns selbst finden. Deshalb ist Advent gedacht als die stille Zeit des Jahres. Als Angebot, aus der Unübersichtlichkeit und Atemlosigkeit des Alltags herauszufinden. Selbstfindung geschieht durch Meditation: zur Mitte vordringen. In jene Mitte, wo wir nicht mehr außer uns sind, wo die Entscheidungen gefällt werden, wo das Gewissen angesiedelt ist. Jene Mitte auch, wo wir dem Geheimnis eines unüberbietbaren Gottes begegnen.

Advent ist Öffnung

Im Schweigen werden wir offen für das Wort. Christus selbst ist dieses Wort. Es gibt eine Lautlosigkeit, die grau-

sam ist. Wenn Freunde nicht mehr miteinander reden. So ähnlich muß man sich das Schweigen Gottes im Advent der Völker vorstellen. Die Frage nach dem Sinn von Welt und Geschichte, die Frage nach dem dunklen Tor des Todes — alles war offen.
Seit dem Kommen Christi gibt es diese heillose Stille nicht mehr. Im Gegenteil: wer sich öffnet und hinhören kann, dem wird die Frohe Botschaft Gewißheit geben: in Christus ist Gott uns nahe. Über allem steht ein Vater. Am Ende ist nicht der Untergang. Gott ist ein Gott des Lebens. Er nennt uns nicht Knechte, sondern Freunde.
Advent — eine Chance. Wir sollten etwas daraus machen. Für viele ist es nur die Rennstrecke des Jahres, ein strapaziöser Endspurt auf Weihnachten hin. Es kann auch anders sein. Wir brauchen den Mut zur Lücke. Meditation schenkt Freude.

2. Ein nicht enden wollender Weg (Meditation vor Weihnachten)

Christa Wolf, bekannte Schriftstellerin der DDR, Liebling unter den Literaten drüben, ist bei ihren Genossen in Ungnade gefallen. Ihr Buch »Nachdenken über Christa T.« durfte zunächst nur in 1000 Exemplaren erscheinen.
In diesem Werk wird nicht — wie gewohnt im Osten — einseitig der Sozialismus als das höchste Gut gepriesen, im Mittelpunkt des Buches steht der Mensch als der einmalige und unverwechselbare.
Der Tod einer jungen Frau hat — das spürt man — die Autorin erschüttert. Sie versucht, aus Erinnerungen, Zitaten und nachträglicher Erfahrung das vergangene Leben zu rekonstruieren. Sie entdeckt einen »nicht enden wollenden Weg zu sich selbst«. Sie findet Anlaß zu gründlicher Besinnung und behutsamer, selbsterklärender Ordnung. So stößt sie auf die Frage nach dem »Reich-

tum«, der nicht im Kollektiv, sondern nur in jedem einzelnen zu erschließen ist und der sich ergeben kann aus der beharrlichen Frage nach dem Sinn des Ganzen und dem eigentlichen Grund unseres Daseins.

Da verblassen die Paradeantworten der Partei und der sozialistischen Ideologien.
Für uns ist das kein Grund zur Schadenfreude oder Überheblichkeit. Hätten wir die besseren Antworten auf die Frage nach dem Sinn von Welt und Geschichte, von Leben und Tod *so*, daß sie unser Dasein ganz bestimmen und durchdringen würden, dann wäre dauernde Besinnung überflüssig. Vom Katechismus bis zur existentiellen Verarbeitung der Frohen Botschaft ist offenbar ein weiter, »nicht enden wollender Weg«.

Auch der Christ sieht immer wieder die erbärmliche Wirklichkeit dieser Welt und kann das Chaos nicht mit frommen Sprüchen zudecken.
Wenn die Sehnsucht, die vor Weihnachten besonders zum Tragen kommt, dennoch auf eine frohe Botschaft stößt, dann sind es drei Taten Gottes, die im Evangelium für uns faßbar werden:
Gott spricht zu uns. Er bricht sein Schweigen im Advent der Völker. Ruhe ist wohltuend — ein Schweigen unter Partnern ist bedrückend. Unser Leben hängt von seiner Freundschaft ab. Der langdauernde Zustand des Schweigens war das eigentliche Leid einer nach Sinn fragenden Menschheit.
Gott setzt einen neuen Anfang. Christus erscheint unter uns; geht mit uns auf der großen Lebensstraße über alle Stationen von der Krippe bis zum Kreuz. Aber der Abgrund des Todes ist nicht die Endstation aller Sehnsucht. Als erster bahnt er den Weg zu einer neuen, österlichen Wirklichkeit.
So wird die Verheißung des Isaias wahr: »Das Volk, das in

der Finsternis wandelt, sieht ein großes Licht. Die im Lande des Dunkels wohnen, über ihnen strahlt ein Licht auf« (Jes 9). In diesem Lichte erkennen wir, daß der Mensch zwar am Ende einer Entwicklungskette steht — und doch über Eigenschaften und Verheißungen Gottes verfügt, die ihn entscheidend über alle Glieder der Kette hinausheben.

So lautet die frohe Botschaft für den Menschen auf dem nicht enden wollenden Weg der Selbstbesinnung und Wandlung: Niemand braucht sich aufzugeben. Das Unheil ist endgültig überwunden. Die Sehnsucht nach Heil, Friede, Freiheit und Erlösung geht nicht ins Leere. Denn Gott spricht uns an, ermuntert uns zu neuem Anfang aufgrund seiner Verheißung.

3. Die Sehnsucht nach dem ganz anderen (Weihnachten)

Der »harte Kern« des Weihnachtsgeheimnisses

»Man muß gerade Weihnachten mit großer Nüchternheit feiern, sonst erwartet das Gemüt Wandlungen, für die der Verstand keine Begründung weiß.« So schrieb Pater Delp SJ 1944 im Gefängnis von Berlin.
Gewiß, die Welt heute ist entzaubert, wir sind nüchtern und mißtrauisch geworden. Wir verlassen uns auf das, was wir sehen und begreifen können. Aber brauchen wir nicht gerade an Weihnachten die »Werte des Gemütes«? Was ist aber dann der »harte Kern« des Weihnachtsgeheimnisses? Auf welche Mitte müssen wir stoßen in diesen Tagen, unabhängig von Gemüt, Gefühl und Geschäft, unbeeinflußt vom Schwemmgut der Geschichte?

Die Zeugnisse des urchristlichen Glaubens sagen uns, daß im Raum der Geschichte ein Mensch auftritt, der zunächst so ist, wie wir alle sind. Aber bald wird sichtbar, daß dieser Jesus von Nazareth nicht nur der Sehnsucht nach die Dimension des Menschlichen überschreitet, sondern auch in seinen Taten. Er setzt Zeichen, die wir Wunder nennen; spricht Worte, die nie mehr vergessen werden können; übt Liebe, die in ihren Motiven alle gewohnten menschlichen Maße überschreitet. Schließlich zeigt er nach Ostern deutlich, daß es eine Wirklichkeit gibt, die höher steht als jede erfahrbare menschliche Existenzweise.
Dabei ist dieser Christus derselbe, der die ganze Dunkelheit, die ein menschliches Leben überschatten kann, ausgekostet hat. Insofern ist er uns ähnlich geworden, hat er sich mit uns solidarisiert. Erst durch das Licht des Ostertages werden Krippe und Kreuz, Armut, Verfolgung und Tod in ihrer wahren Bedeutung erhellt.
Aber dieses Leben Jesu ist keine Einzelerscheinung. Er ist in den dunklen Kessel des Todes hinabgestiegen, um seine Wand zu durchbrechen und uns einen Weg zu bahnen in eine neue Wirklichkeit. Insofern können wir sagen: Weihnachten ist der radikale Neubeginn dieser Heilsgeschichte!

Vom Licht des Weihnachtstages wird gesagt, daß es die Welt erkennbarer und die Menschen sehender macht. Wie ist das zu verstehen?
Zunächst einmal wird in Christus das Gottesbild klarer. Die Gottesvorstellung der Völker war Jahrhunderte in einer Entwicklung begriffen, auch die des »auserwählten Volkes«. Am Anfang steht Gott noch als »Kriegsheld« da, der die schwächeren Götter der Nachbarvölker überwindet. Da erscheint Gott noch rachsüchtig und militant, der mit den zehn Plagen in Ägypten wütet. Aber dann wird die Vorstellung reifer. Gott ist der Befreier, er denkt Gedanken des Friedens.

In Christus wird das Gottesbild deutlich erkennbar. Er hat Geduld, ist gut zu den Armen und Schwachen; er zeigt sich als Knecht, der sich dienend entäußert. Der Vater schneidet am Weinstock der Welt nicht, um zu schikanieren, sondern um der größeren Reife willen.
Am Kreuz erweist sich die wahre Gesinnung Gottes — »denn die größte Liebe hat der, der sein Leben hingibt für seine Freunde« (Joh 15,13). So ist im »Antlitz Jesu Christi die Herrlichkeit Gottes aufgeleuchtet« (2 Kor 4,6). Die Sehnsucht des Menschen nach dem ganz anderen geht nicht mehr ins Leere, die Hoffnung ist nicht reine Illusion.

Das Licht, das an Weihnachten zum erstenmal aufleuchtet, erhellt uns den Weg auf der Suche nach dem Sinn und dem tragenden Grund unseres Daseins. Es stärkt uns in der Erkenntnis, daß wir trotz allen Fortschrittes von dem allein nicht leben können, was wir sehen und erkennen. Es nimmt uns die Angst, einem blinden Gefüge von Zufällen und Schicksalskräften ausgeliefert zu sein. Es stärkt unsere Ahnung, daß wir ohne Vertrauen nicht auskommen können, daß es aber eine Sonderform von Vertrauen gibt, die den Horizont des Irdischen überschreitet und Dimensionen erreicht, in die unsere Beweiskraft nicht folgen kann. Dieser Glaube hat mit der Geburt Jesu eine feste Grundlage bekommen.

Deshalb können wir davon sprechen, daß Christus das Licht ist, das uns den Weg erhellt. So können wir davon reden, daß das Weihnachtsereignis den radikalen Neuanfang der Heilsgeschichte bedeutet.
Allein diese Erkenntnisse haben Bestand — auch dann noch, wenn der Weihnachtsrummel vorüber ist, wenn Romantik und Betriebsamkeit sich als vergängliche Güter erwiesen haben, wenn äußerer Glanz und unguter Zauber dem kritischen Blick nicht standhalten und Übermalungen abblättern.

4. Ökumene auf Sparflamme? (Zur Weltgebetswoche)

Sehnsucht der Künstler vieler Jahrhunderte war es, das Antlitz Christi zu malen, das Bild des Herrn aus dem Geiste des Evangeliums zu gestalten.
Leonardo da Vinci vollendete 1498 im Speisesaal des Mailänder Klosters St. Maria sein Gemälde vom Abendmahl. Mit großem Können stellt er dort das Antlitz des Gottessohnes dar — überzeugend, glaubhaft, würdig.
Leider erwies sich die Wand für ein solches Kunstwerk ungeeignet. Sie war feucht, und es bildeten sich Risse. Restauratoren verschlimmerten das Übel. Betrunkene Soldaten der Armee Napoleons schossen mit Pistolen auf das Bild. Im letzten Krieg wurde das Haus von einer Bombe getroffen. Wind und Wetter ließen das Kunstwerk verblassen.

Die Geschichte dieses Christusbildes kann als Gleichnis gelten. Fast drei Milliarden Menschen sind heute nicht getauft. Ob sie auf ihrer Suche nach dem Sinn von Welt und Geschichte auf Christus stoßen, hängt von den Getauften ab. Ob das Bild Christi ihnen deutlich, lebendig und liebenswert erscheint, liegt an uns.

Schwerstes Hindernis bei dieser Mission ist die Glaubensspaltung, die Zerrissenheit gegen den Willen des Herrn, der gebetet hat: »... daß sie alle eins seien« (Joh 17). Jahrhundertelang wuchs der Wall der Vorurteile, mehrte sich der Konfessionshader, regierte eine Politik der Abgrenzung. Jahrhundertelang wurde getrennt gebetet. Papst Johannes XXIII. beklagt in seinen Lebenserinnerungen, daß er als Nuntius in der Türkei für jedes gemeinsame Beten mit den orthodoxen Christen eine Genehmigung brauchte. Erst durch das Zweite Vatikanische Konzil wurde das gemeinsame Beten hoffähig.

Der Weg zur Wiedervereinigung ist noch weit. Die Frage nach dem Wesen des Priesteramtes und die verschiedenen Auffassungen von Abendmahl und Eucharistie versperren wie Steine den Weg. Bei der jüngeren Generation wächst der Unmut über die Spaltung.
Um so mehr sollten die Gemeinsamkeiten gepflegt werden. Jedes gemalte Bild von Christus bleibt unvollständig, zerbrechlich, überholbar, weil es zugleich enthüllt und verhüllt. Mehr als durch die Kunst des Malers wird das Christusbild in der Welt geprägt — durch das Verhalten der Christen.

5. Tanzen und trauern (Meditation im Karneval)

»Alles hat seine Zeit, das Trauern hat seine Zeit und das Tanzen hat seine Zeit.« So steht es im Alten Testament im Buch des Predigers.

Trauern — eine Sünde?

In welcher Zeit leben wir? Die Bußbücher des Mittelalters zählen die Traurigkeit zu den Hauptsünden. Papst Gregor der Große nennt sie ein Laster und stellt als »Töchter der Traurigkeit« vor: Angst, Unwille, Eifersucht, Neid und Ungeduld. Daß Traurigkeit den Schwung nimmt und Kräfte lähmt, sieht jeder ein.

Rhythmus gehört zum Leben

Die leichte, beschwingte Bewegung des Tanzes dagegen ist Ausdruck der Freude und Lebendigkeit. Wir sind abhängig von Rhythmen — vom Kosmos bis zum Schlagen unseres Herzens. Die Trauertänze mancher Völker gehören zu den ergreifendsten Formen des Ausdrucks seelischer Erlebnisse. In Spanien wird am Fronleichnamstag vor dem Allerheiligsten getanzt.

In welcher Zeit leben wir?

Auch der rheinische Karneval möchte in seinen guten Formen neuen Lebensmut vermitteln.
Alles hat seine Zeit — in welcher Zeit leben wir? Das ist die andere Seite: es sieht heute nicht rosig aus in unserer Welt. Das 20. wird in der Geschichte voraussichtlich das »dunkle Jahrhundert« genannt werden. Die Welt hat keinen echten Frieden. Die Vernunft befindet sich auf dem Rückzug. Kann man den töricht nennen, der behauptet: jetzt ist keine Zeit zum Tanzen und Feiern?
Gewiß — nie kann man es allen recht machen. Jesus steht mitten unter dem Volk und sagt: »Wem soll ich dieses Geschlecht vergleichen? Es gleicht den Kindern, die auf dem Markte sitzen und den andern zurufen: »Wir haben aufgespielt und ihr habt nicht getanzt — wir haben Klagelieder angestimmt und ihr habt nicht getrauert.« Jesus hörte den Vorwurf, zur falschen Zeit gefeiert zu haben.

Feiern trotz Schwierigkeiten

In welcher Zeit leben wir? Wäre die Voraussetzung zum Feiern ein Zustand der Ruhe, der Geborgenheit und des Friedens, so könnte sich niemand auf den Tanzboden wagen. Vor den Türen der Ballsäle gibt es immer Gesichter der Not. Den Heimkehrern vom Tanz werden stets Verzweifelte, Kranke und Sterbende begegnen.
So kommt es bei allem, was der Mensch in Freude oder Trauer tut, mehr auf das Wie und die innere Haltung an. Paulus aber hat die Kühnheit zu sagen: »Ihr möget tun, was ihr wollt, essen oder trinken oder irgend etwas anderes — tut es zur Ehre Gottes.« Ja, er behauptet im

Römerbrief, alles könne zum Gottesdienst werden. Voraussetzung sind Lauterkeit des Denkens, Gewissens und Verantwortung.

Doppelschichtigkeit des Lebens

Tanzen und trauern zugleich — ist das nicht ein aufregendes Zusammentreffen? Nein — es gehört zur Existenzweise des Menschen, zur Doppelschichtigkeit des Lebens und damit zur Wirklichkeit.

6. Den Brückenkopf erweitern (Fastenzeit)

»Selbst in einem vom Bösen besetzten Herzen hält sich ein Brückenkopf des Guten — selbst im gütigsten Herzen ein uneinnehmbarer Schlupfwinkel des Bösen.« Solschenizyn beurteilt so die innere Lage des Menschen.

Aufgabe der Kirche ist es, das Gute im Glaubenden zu stabilisieren oder beim Neubeginn Hilfestellung zu geben. Das ist relativ leicht in Situationen, in denen sich ein Mensch unter dem Hammer erdrückender Einsamkeit, quälender Krankheit oder im Angesicht des Todes befindet. Vielleicht auch in Phasen der Verzweiflung, der Leere und Resignation.
Aber Erneuerung, Umkehr und Buße — einfach weil wieder Fastenzeit ist, weil Ostern vor der Tür steht? Das fällt schwer. Da bedarf es gewichtiger Beweggründe. Sie können von Jesus Christus kommen oder auch von den Erfordernissen der Zeit.

Der Herr sagt uns zunächst etwas über den Stil der Fastenzeit. Nach der Aussage der Schrift ist er kein Aszet, er erhebt sich nicht über die Massen, wie die Pharisäer seiner Zeit. Er fordert nicht Entsagung um der Entsagung willen. Er stellt keine zusätzlichen ethischen Forderungen, ihm geht es nicht um Sonderleistungen (Lk 11,46). Er verteidigt die Jünger, die nicht fasten (Mk 2,18). Er will keine säuerliche Frömmigkeit: »schaut nicht finster drein, wenn ihr fastet« (Mt 6,16). Verglichen mit Johannes dem Täufer muß er den Vorwurf hinnehmen, er sei ein Fresser und Säufer. Er erläßt keine Gesetze. Armut und Ehelosigkeit empfiehlt er bittend: »Wer es fassen kann ...«. Wo er Forderungen stellt, geht es um das *Reich Gottes*. Ein Reich, in dem die Hungernden, Armen, Getretenen zum Zuge kommen. Er sieht das Reich vor sich, in dem Gerechtigkeit gang und gäbe ist, die Freiheit unüberbietbar und Liebe und Versöhnung unbegrenzt herrschen. Diesem Reich des Vaters gilt sein ganzer Einsatz. Dafür leidet er die Stunden bodenloser Angst am Ölberg und das qualvolle Sterben am gekreuzten Balken.

Neben dem Vorbild des Herrn stehen die Erfordernisse der Zeit. Bischöfe, Priester und gefirmte Christen in der gemeinsamen Synode haben den Zeichen der Zeit nachgespürt und die Forderungen unter der Überschrift: »Unsere Hoffnung, ein Glaubensbekenntnis in unserer Zeit« beschrieben. Die Beweggründe, die sich aus dieser Analyse ergeben, sind deckungsgleich mit dem, was Jesus forderte:

Freude — die sich auf das Osterereignis gründet und in Jesus Christus ihren Grund hat. Also weder eine verzweifelte, gespielte Naivität, noch ein naturwüchsiger Daseinsoptimismus. Diese Freude muß sich in ungezählten Brechungen im Antlitz der Kirche spiegeln — sonst verfehlt sie ihre Aufgabe.

Armut — die auch Freiheit bedeutet. Jesus hatte am Kreuz nichts mehr, was man ihm rauben konnte. Dieses

Vorbild des Herrn gilt. »Wir werden unsere intellektuellen Bezweifler eher überstehen, als die sprachlosen Zweifel der Armen und Kleinen« — so sagt die Synode von der Gemeinschaft der Glaubenden.

Gehorsam — bestimmt den Weg dessen, der sein Kreuz auf sich nimmt. Wer dem Licht des Evangeliums und der Stimme des Gewissens zu folgen versucht, kann zwischen alle Fronten bestehender Systeme geraten. Ihm ergeht es wie Christus, der von den Frommen seiner Zeit verworfen und von den Politikern gefoltert wird.

Einheit — das Verlangen nach Gemeinschaft darf nicht austrocknen. Jesus fordert uns in der Bergpredigt auf, unsere Opfergabe vor dem Altar stehenzulassen, wenn wir nicht ausgesöhnt sind mit unserem Bruder.
Ein reichliches Programm! Es nimmt uns in Anspruch. Es verlangt von uns als Beitrag in der Fastenzeit: den Brükkenkopf des Guten erweitern.

7. Eine Frau, die nicht enttäuscht (Marienverehrung)

Zuverlässigkeit ist eine begehrte Eigenschaft. Nicht nur bei den Artisten im Zirkus! Am Trapez arbeitend und durch die Luft wirbelnd müssen sie sich exakt darauf verlassen können, daß der Partner zur Stelle ist.
Aber auch sonst leben wir im technischen Zeitalter vom Vertrauen zum anderen. Raumfahrer, die auf dem Mond operieren, verlassen sich darauf, daß Tausende logisch gedacht und in der Ausführung ihrer Arbeit nicht versagt haben.
Um so beachtenswerter ist es, daß ein kluger Dichter wie Paul Claudel den pessimistischen Satz geschrieben hat: »Die Frau ist ein Versprechen, das die Natur nicht ein-

löst.« Wir müssen diese Aussage aus dem Zusammenhang lösen und erweitern: sie gilt genauso für den Mann. Kein einziger Mensch kann einlösen, was die Natur zu versprechen scheint, kein einziger kann erfüllen, was sein Wesen verspricht. Nicht nur im technisch-naturwissenschaftlichen Bereich scheint menschliches Versagen unabänderlich zu sein.

Claudel denkt in seinem »Seidenen Schuh« weiter. Er weiß, daß in der menschlichen Natur zwei Stränge laufen.

Bürger zweier Reiche

Einmal die Sehnsucht und der Zug nach Unsterblichkeit, Erkenntnis, Einsicht, Freiheit, Liebe und Mächtigkeit. Andererseits die Gebundenheit, die Sterblichkeit, Armut und Dunkelheit.

Die Schrift umschreibt die Doppelnatur mit den Sammelbegriffen: Geist und Fleisch. Jesus weiß um diese Doppeldeutigkeit, wenn er von den schlafenden Jüngern am Ölberg sagt: »Der Geist ist willig, aber das Fleisch ist schwach.« —

Der Urzustand des Menschen muß anders gewesen sein; getragen von Harmonie und erfüllt von der Herrlichkeit Gottes.

Ein neuer Mensch

Wenn nun Maria in unserer Kirche geehrt wird, dann vor allem deshalb, weil sie »voller Gnade« ist. Hier steht ein Mensch vor uns, der ganz das erfüllt, was er verspricht. Und weil uns geoffenbart ist, daß dieser Mensch kein Einzelfall bleibt, haben wir Hoffnung. Wir vertrauen wie die Gottesmutter auf die verwandelnde Kraft Christi!

Der Gedanke an den Tod schreckt uns — die Überlegung, immer so bleiben zu müssen, wie wir jetzt sind, ist ebenso unheimlich. —

Wie kann aber die begnadete Mutter des Herrn für uns Leitbild sein?

Ein Leitbild

Sie ist Vorbild im Glauben. Ihr Vertrauen zu Christus bewährt sich. Sie tut, was sachlich notwendig ist, ohne zu wissen, wie es ausgehen wird. Sie nimmt auch neue, ungewohnte Situationen als Vorsehung Gottes an und klagt nicht über Fügungen und Zulassungen, deren Sinn sie noch nicht versteht. An ihrem Leben können wir ablesen, daß Gott Menschen prüft und gebraucht. Ebenso aber auch, daß Gott Ungleiches aneinander bindet. So heißt es: »Du bist gebenedeit und die Frucht Deines Leibes.« Maria und Christus, Mensch und Gott in der Verbundenheit der gleichen Aufgabe!
Wir können an ihrem Leben ablesen, daß Erwähltsein Kämpfe und Schwierigkeiten nicht ausschließt.
In den Marienwallfahrten der Christen kommt zum Ausdruck, daß wir als Menschen unterwegs sind. Unterwegs zum neuen Menschen. Zu einem verwandelten Menschen, der einzulösen vermag, was sein Wesen verspricht.

8. Pfingsten: Vielfalt ohne Fanatismus

Fast 2000 Jahre ist Jesus Christus für die Menschheit lebendig geblieben. Woher kommt das? Nur weil die Bibel von ihm berichtet? Es gibt viele Bücher mit hohen Auflagen. Sie allein garantieren noch nicht, daß eine Persönlichkeit in den Herzen der Menschen lebendig bleibt.

Die Bekanntheit des Zimmermannssohnes von Nazareth und seine Wirkungsgeschichte haben andere Gründe. An Pfingsten bekennen wir Christen: Jesus, der mit seinem Tode aus dem Raum der Geschichte ausgeschieden und mit der Auferweckung in die Sphäre Gottes erhoben worden ist, wirkt weiter! Das Wie dieses Wirkens hat er selbst in der nachösterlichen Zeit kundgetan. Zweimal vollzieht sich die Geistsendung: einmal bei der Begegnung mit den Jüngern im verschlossenen Saal — dann beim jüdischen Pfingstfest auf erregende Weise gegenüber den Repräsentanten der fernen Völker. Der Heilige Geist, den er sendet, wird in der Bibel mit dem Bildwort »Hauch« oder »Wind« umschrieben. Also unsichtbar — und doch wirksam. Und immer wieder überraschend: »der Wind weht, wo er will« (Joh 3,8).

Auch nur ein flüchtiger Blick auf die Kirchengeschichte bestätigt das. Wo menschliche Schwäche oder Bosheit und pharisäischer Buchstabengeist zu Erstarrung führt, erneuert der Geist der Einsicht, des Rates und der Stärke.
Gerade in den Krisenzeiten der Kirche hat sich diese Macht bewährt. Paulus beschreibt das exemplarisch, wenn er sagt: »Wenn ich schwach bin, dann bin ich stark« (2 Kor 12,10). Das bedeutet: Wenn die Gemeinschaft der Kirche oder ein einzelner von seiner Schwäche überzeugt ist und dies demütig anerkennt und daher auf den Geist Gottes sein ganzes Vertrauen setzt und sich von ihm leiten läßt, dann zeigt sich die Kraft Gottes, der seine Macht in der Schwachheit des Geschöpfes aufleuchten läßt. Dann ist es so, »daß ich alles kann in dem, der mich stärkt« (Phil 4,13).

Was kann auch ein Mensch, der auf sich selbst zurückgeworfen ist? Wir haben heute Grund zum Pessimismus. Die Zukunft der Kirche erscheint düster, und die Geburtswehen der nachkonziliaren und synodalen Zeit sind unerwartet schmerzlich. Aber es steht uns nicht zu, in Depressionen zu versinken. Das wäre Mißtrauen und Verrat am Geist.
Dieser Geist wirkt bei den Trägern des Amtes, damit sie

wegbahnende Gespräche beginnen und damit sie Mut haben. Der Geist weht, wo er will — auch außerhalb des Amtes:
Der Lehrer, der durch seine Haltung und sein Wort einen guten Religionsunterricht hält — trotz aller Schwierigkeiten. Der Arzt, der als Christ die Würde menschlichen Lebens achtet. Die Gemeindeassistentin, die trotz vieler Enttäuschungen nicht aufgibt. Der Publizist, der sich immer und überall redlich um die Wahrheit müht, und nicht zuletzt der Pfarrgemeinderat, der nicht seinen Ruhm sucht, der Ideen hat und das Gemeindeleben mitgestaltet.

Schwärmerei und Fanatismus sind leicht von den echten Charismen zu unterscheiden. Vielfalt, Toleranz und Freiheit waren schon immer Zeichen des Geistwirkens. »Zur Freiheit hat euch Chrisus befreit, laßt euch nicht wieder ins Joch der Knechtschaft spannen.« Paulus wußte, von was er spricht. Als strenger Pharisäer hat er erfahren, was religiöse Unfreiheit ist. Er hat im siebten Römerkapitel den Gesetzesmenschen gezeichnet.

So wie sich an Pfingsten die Einheit in der Vielfalt bewährt, so ist die Geschichte der Frömmigkeit eine Geschichte des Wechsels der Akzente. Wer es wagt, einen Pol auszuklammern oder einen Teil absolut zu setzen, hat nur noch ein Stück Christentum und wird zum Häretiker. Gottesfurcht und Gottesliebe, Innerlichkeit und Aktivität, Weltverachtung und Weltoffenheit, Selbstbewahrung und Selbstaufgabe — nur im Geist Gottes und mit Großmut läßt sich diese Spannung ertragen. Das Aushalten im Konflikt der Zielsetzungen verhindert Stagnation. Die Vielfalt rettet vor Routine. Was will Christi Geist anderes?

9. Fehldiagnose
(Betrachtung für die Ferienzeit)

Ein bekannter Manager, Mittvierziger, hat den Gipfel seiner Karriere erreicht und erfreut sich eines hohen Ansehens. Er versteht es, diesen Zustand mit vollen Zügen zu genießen. Neben seiner von ihm diktatorisch beherrschten Familie leistet er sich eine Geliebte, die ihm jeden Wunsch erfüllt. Er ist ein krasser Egoist und versteht es zugleich, durch seinen Opportunismus auf der Welle des Erfolges zu schwimmen.

Eines Tages verspürt er Schmerzen im Unterleib. Sie kehren in immer kürzeren Abständen wieder. So geht er zum Arzt. In einer ersten Diagnose des Professors verdichtet sich die Meinung, daß Krebs zu befürchten sei. Der untersuchende Professor wird plötzlich aus dem Zimmer gerufen. Ein dringender Fall macht seinen Einsatz nötig. Die Neugierde des Patienten ist unüberwindlich. Angst treibt ihn dazu, den Bericht zu lesen. Seine Lateinkenntnisse lassen ihn das böse Wort »Krebs« erkennen.

Das geschah am Freitagmorgen. Schockiert von der Vorstellung eines frühen Todes, zieht der Manager Bilanz und entdeckt sein wahres Leben. Er spürt, daß seine so glanzvoll erscheinende Laufbahn voller moralischer Niederlagen und Verfehlungen gegenüber seinen Mitmenschen war. Er erfährt aber auch, daß viele in seiner Umgebung sich schon längst von ihm abgewandt haben.

Hals über Kopf versucht er am Wochenende vor der Operation, sein Verhältnis zu den Mitmenschen zu bereinigen. Dabei leitet ihn weniger die spontane Einsicht in sein eigenes Versagen. Es sind zunächst sehr eigennützige Motive. Er ist, wie viele Menschen, besorgt um seinen Nachruhm. Er möchte die Geschichte seines Lebens korrigieren, um sich ein ehrendes Andenken zu bewahren. Er befürchtet das Gerede der Überlebenden.

Es kommt aber anders: die Geschwulst stellt sich als harmlos heraus: Herr Maksymowicz wird zum Leben verurteilt. Er muß noch einmal von vorne anfangen. Aber er erfährt auch die Chance der Stunde Null.

Diese Geschichte — erzählt von Stefan Stawinsky, einem bekannten polnischen Autor, in seinem Buch »Fehldiagnose« — hat auch für uns Bedeutung:
»Wandelt euch durch ein neues Denken«, sagt uns der Apostel Paulus. Vielleicht ist die Ferienzeit die einzige Möglichkeit einer echten Besinnung. Hier könnten Weichen gestellt werden. Die sogenannten »stillen Zeiten« des Advents und der Fastenzeit sind so überlagert von Eindrücken, Anforderungen und Arbeiten, daß sie dem ursprünglichen Zweck oft leider nicht mehr dienen können. Mit Betrübnis muß man das feststellen, aber es ist nun einmal so.
Gott sagt uns in seiner Frohen Botschaft, daß wir immerzu einen neuen Anfang setzen können. Er lädt uns dazu ein, er bietet die Hand an. Ob es zuviel verlangt ist, in den Urlaubstagen sich Zeit für eine Besinnung zu nehmen? Es kann sehr wohl ein Teil der Erholung sein, sich innerlich ergreifen zu lassen, Bilanz zu ziehen — ohne dabei stehenzubleiben, in der Entspannung ruhig zu werden und hinzuhören. Sich belehren lassen von dem, was auf uns zukommt, den Mut haben, neu zu beginnen. Sich des Wortes des Herrn erinnern, daß er uns nicht Knechte, sondern Freunde nennt.
Das ist ein jederzeit realisierbares Angebot. Eine gute Diagnose kann nichts schaden. Selbstbesinnung und Wandlung sind wohltuend. Die »stille Zeit« der großen Ferien und die Gelegenheit zur Meditation im Urlaub können eine Funktion im religiösen Leben eines jeden einzelnen haben. Das Neubeginnen muß nicht erst unter dem Druck einer Fehldiagnose oder eines Schocks geschehen. Der Urlaub bietet eine weit angenehmere Chance.

Sechstes Kapitel

Heiße Eisen

1. Verbindungswege zu den Fernstehenden

Über 70 % der Kirchensteuerzahler besuchen nicht regelmäßig den Sonntagsgottesdienst. Die Kirche darf sich von ihrem Selbstverständnis her mit dieser Tatsache nicht abfinden. Allerdings gibt es wenig Brücken zu diesen »Fernstehenden«. Der volkskirchliche Sprachgebrauch umschreibt diese große Gruppe mit »lau«, »abständig« oder »religiös nicht ansprechbar«. Vielleicht ist diese Sprachregelung schon eine erste Barrikade. Bei näherem Hinsehen muß man zugeben, daß Kirchlichkeit nicht in jedem Fall mit Kirchgang gleichzusetzen ist. Die Gründe für das Abseitsstehen der »Taufscheinkatholiken« sind sehr verschiedener Art.

Eine missionarische Kirche muß sich die Frage nach den Verbindungswegen stellen. Dabei geht es nicht um das Ausfüllen von Sitzplätzen oder um die Rückgewinnung verlorener Positionen. Drängende Fragen stellen sich: Wo liegen die Ursachen, daß so viele ihrer Glaubensgemeinschaft entfremdet sind? Wie muß die Gemeinschaft der

Glaubenden aussehen, die denen, die guten Willens sind, die Rückkehr erleichtert, und wo sind im »Vorraum« der Kirche heute Begegnungsstätten, in denen der Kontakt wiederhergestellt werden kann.

Den Ursachen nachgehen

Was die Ursachen der Kluft angeht, muß gewiß sehr unterschieden werden. Es gibt Zeitgenossen, die sich brutal egoistisch entschlossen haben, über den Sinn und das Ziel ihres Daseins nicht mehr nachzudenken. Dieser Kreis ist für das Wort Gottes nicht ansprechbar. Aber in vielen Fällen liegen die Verhältnisse anders. Die einen sind vergrämt durch das Verhalten des »Bodenpersonals« Gottes (oft vergessend, daß das ja schließlich auch Menschen sind). Andere haben eine »streng christliche Erziehung« erhalten, die den Glauben nicht als Hilfe und als Lebenshaltung vermittelte, sondern als notwendiges Übel erscheinen ließ. Sie finden nichts Frohmachendes an dieser Botschaft. Bei anderen hat der Zwang Verbitterung oder Aggressionen hervorgerufen. Wieder andere haben das Wesen des Christentums nicht begriffen, weil sie durch eine unverständliche Verkündigung oder durch triumphalistische Selbstdarstellung abgestoßen wurden.

Kritische Loyalität

Wie kann eine Änderung herbeigeführt werden? Nur durch eine Kirche, die offen und dynamisch ist; die sich als Bewegung, Mission und Sendung versteht. Die sich nicht nur auf die Minderheit der Treuen und ihre religiösen Wünsche und Gewohnheiten einstellt, sondern bereit ist, das Wesentliche dessen, was Überkommen ist, auch so darzustellen, daß es die Fernstehenden verstehen. Eine

Kirche also, die selbstlos die zentrale Botschaft vom Erbarmen und von der Treue Gottes in das zeitgenössische Ringen um Frieden und Gerechtigkeit einbringt.
Eine Kirche auch, die sich noch mehr als bisher auf die Hoffnungen und Ängste, auf Erfolge und Probleme der Menschheit einläßt, ohne die Botschaft zu verwässern. In diesem Zusammenhang müßte auch eine »kritische Loyalität« in Kauf genommen werden. Zumal Kirchlichkeit ein »Einstellungsbündel« ist, das sich aus vielen Elementen aufbaut. Der Glaube selbst aber ist mehr: er ist Antwort, Reaktion, Echo auf die Offenbarung und steht deshalb über der Kirchlichkeit. Es gibt eine kirchenfremde Gläubigkeit, die aber — bewußt oder unbewußt — immer wieder auf die Glaubensüberlieferung der einen Kirche verwiesen ist. »Wer nicht gegen uns ist, der ist für uns« (Mk 9,40). Deshalb finden wir Menschen, die lange Zeit brauchen, um ihre Taufe im Glauben einzuholen.

Neue Wege

Eine »entgegenkommende Kirche« muß Räume der Begegnung suchen. Paulus missionierte in der Sippe, in der Synagoge, auf dem Markt und in gemieteten Räumen.
Welche »Räume« bieten sich heute an? Die Medien, als Vorfeld der Verkündigung? Fernsehminuten und Zeitungen für bestimmte Zielgruppen? Beratungsdienste und Akademien? Soziale Aktionen. Einsatz für die Familie und Hilfe für Minderheiten?
Jedenfalls kann nur eine offene »heilsgeschichtliche« Betrachtung distanzierter Kirchlichkeit jene Brücke bauen, die nötig ist, um die Verbindung wiederherzustellen. Der einzelne sollte von der Kirche Hilfe zur Reifung erhalten und die Möglichkeit, den Grad seines Engagements »je nach der ihm zuteil gewordenen Gnade zu bestimmen« (Röm 12,16). Andere Möglichkeiten, den »Schatz im Acker« zu heben, gibt es in der heutigen Situation nicht.

2. Zwischen Not und Gebot (Pastoral an den wiederverheirateten Geschiedenen)

Die Pastoral an den wiederverheirateten Geschiedenen ist eine dornenvolle Angelegenheit. Man muß tief Luft holen, um in einem Atemzug die Wahrheit auszusprechen:
1. Das biblische Verbot der Ehescheidung gilt ohne Einschränkung! Und gleichzeitig:
2. Jede Pastoral vertritt die Barmherzigkeit Gottes, bei dem über einen Sünder, der sich bekehrt, mehr Freude ist, als über neunundneunzig Gerechte (Lk 15,7).

Die Frage ist, wie einem Umkehrwilligen geholfen werden soll, der seit vielen Jahren in einer zweiten Ehe lebt und damit eine doppelte Verantwortung auf sich geladen hat. »Nicht durch Strenge übertreiben — nicht durch schwächliche Nachgiebigkeit revoltieren«, empfiehlt Gregor von Nazianz. Es ist schwer, aus der Mahnung des Kirchenvaters eine Regel abzuleiten, weil das, was nicht sein soll, kaum in eine Ordnung gebracht werden kann.

Der Rückgriff auf die Schrift bringt keine schnelle Lösung. Einerseits wird bei Markus und Lukas das Verbot der Ehescheidung ohne Einschränkung betont (Mk 10,2; Lk 16,18). Andererseits steht daneben die »paulinische Konzession« (1 Kor 7,10), die zeigt, daß der Völkerapostel wie auch die Gemeinde des Matthäus sich für befugt halten, in Einzelfällen zu helfen. Ein spannungsvolles Ineinander von Forderung und Konzession!
Der Versuch, die Mauer des Dogmas mit den Modewörtern »Zielgebot« oder »Verkündigungsideal« anzubohren, ist nicht befriedigend; denn wenn die Schrift nicht ernstgenommen wird, bleibt letztlich alles offen. Wie soll aber den Gemeindemitgliedern geholfen werden, die sich in der Sackgasse einer zweiten Ehe befinden? Ihr verkehrtes Tun darf nicht heruntergespielt werden. In irgendeiner Form

war ihr Handeln »Herzenshärte«. Wiederverheiratete Geschiedene jahrzehntelang auszuschließen, kann aber ebenso hart sein.

Das Kirchenrecht bietet nur wenig Möglichkeiten der Hilfe. Das Vorurteil gegen »Verwaltungsakte« im Zusammenhang mit dem Intimbereich menschlicher Beziehungen ist fast unausrottbar.
Die Pastoral muß im Vorfeld beginnen: Intensivierung der Jugendarbeit, Verhindern eines leichtfertigen Eingehens der Ehe, Beratung und Prüfung der seelischen Leistungskraft bei Ehewilligen.
Aber trotz aller Beratungen bleibt die Möglichkeit des Scheiterns, weil auch jede Ehe der Tragik des Menschseins unterworfen ist. Ehen können zerbrechen, weil affektive Liebe erlöschen kann und der Mensch Sünder ist. Gottes Gebot und die Not des Menschen stehen sich gegenüber.
Eine pastorale Hilfe in der Kirche muß eine Atmosphäre schaffen, in der hämisches Fingerdeuten, Verständnislosigkeit und Herzenshärte pharisäischen Ursprungs nicht den Gescheiterten die Sache noch schwerer machen. Erst dann können Seelsorger mit Klugheit, Diskretion und geistlicher Beratung mit diesem Dilemma umgehen, immer wissend, daß es nie eine »fertige Lösung« gibt. »Gott ist einzig der, bei dem reine Gerechtigkeit, Vergebung ohne Reue und Liebe ohne Zweideutigkeit abgründig dasselbe sind« (K. Lehmann). Nur unter diesen Vorzeichen kann eine der jeweiligen Situation angemessene Hilfe im Einzelfall überhaupt ins Auge gefaßt werden. Es gibt keine billige Gnade.

3. Veränderte Normen in der Sexualethik?

Hat sich in den letzen Jahren ein Erdrutsch vollzogen? Der »Sexwelle« ist offenbar ein Durchbruch gelungen, viele Dämme gesellschaftlicher und religiöser Tabus sind überspült worden. Sexualideologen treiben ihr Unwesen: »Sexualität muß ausgelebt werden, jeder muß sein Quantum finden, Sexualität als Konsumgut muß Spaß machen.«

In der modernen Industriegesellschaft läuft das Leben sowieso auf zwei Schienen: Leistung und Genuß.
Aber: Ist wirklich ein Dammbruch erfolgt?
Es spricht vieles dafür, daß weniger das sexuelle Verhalten als vielmehr Publizität sich geändert hat. Auf diesem Gebiet gibt eine Freizügigkeit den Ton an, die offenbar nicht mehr überboten werden kann und keine Bindungen mehr kennt.
Bei näherem Hinsehen und nach Auswertung der Befragungen kann man allerdings feststellen, daß die Mehrzahl der jungen Menschen — trotz der Dauerberieselung — zur Ehe steht und Treue fordert. Man sieht als Idealbild eine Ehe vor sich, die liebesorientiert und partnerzentriert ist.
Zum Teil ist die Dynamik dieser »Sexwelle« eine Reaktion auf frühere Verdrängungen. Wie oft bei solchen Eruptionen, ist ein Rückschritt auf primitivere Entwicklungsstufen zu registrieren.
Doch trotz allem erscheint auch heute noch die dauerhaft geschlossene, monogame, partnerschaftliche Liebesehe als Idealform. Ein Teil der Jugend ist der Meinung, diese Idealform sei nicht sofort und nicht für alle möglich. Auch habe die Ehe für sexuelles Verhalten heute noch nicht ihre optimale Form erreicht.
Gleichzeitig wird der Ruf nach besserer Vorbereitung, nach Hilfen für die Reifung stärker. In der Tat: welche Anstregungen werden gemacht, sich für den Beruf zu qualifizieren — und wie zufällig, von äußeren Reizen her bestimmt, unreif und kurzatmig ist die Gattenwahl und Ehevorbereitung bei vielen!

I. Die Situation der christlichen Sexualethik heute

Die »alte« Ethik, auf eine kurze Formel gebracht, sieht vier Schritte:

1. Der Geschlechtstrieb war ursprünglich gut.
2. Er ist durch die Erbsünde erheblich gestört.
3. Er steht unter einem neuen Vorzeichen durch die Erlösung Christi und muß
4. asketisch gemeistert werden.

Die pastorale Praxis, besonders im Beichtstuhl, vollzog sich im allgemeinen nach den Grundsätzen: strenge Prinzipien — aber milde Praxis.
Ist das auf die Dauer gut so? Klaffen Prinzipien und Praxis nicht zu weit auseinander? Die geschlechtliche Anlage wird heute — auf Grund vieler Forschungen differenzierter gesehen. Der Mensch ist in diesen Dingen nicht so einheitlich veranlagt, wie man das juristisch gerne sehen möchte. Der Geschlechtstrieb ist offenbar eine lebenslange Aufgabe und formbar. Dazu:

Synodenaussage
(1. Vorlage: »Christlich gelebte Ehe und Familie«)

»Die unbefangene, sittlich verantwortete Realisierung sexueller Bezüge in der Familie hat zur Voraussetzung, daß die Sexualität in der Ehe bejaht, angenommen und integriert wird. Sie bietet den Partnern vielfache positive Möglichkeiten. Sie fördert die personale Entwicklung des Mannes und der Frau, vermittelt die Erfahrung ganzmenschlicher lustvoller Hingabe aneinander, fördert den Prozeß der Wirfindung und trägt so zum Gelingen der Ehe bei. So gelebte eheliche Sexualität läßt keinen Raum für eine unchristliche Leibfeindlichkeit und leistet damit den ersten und entscheidenden Beitrag zur Sexualerziehung der Kinder. Inmitten einer Umwelt, die aus der Sexualität häufig einen apersonalen und damit menschenunwürdigen Zeitvertreib macht, sollten die Beziehungen der Familie personal bestimmt und durch eine Zärtlichkeit geprägt sein, die Zuneigung auch leiblich verwirklicht.«

Zum Thema Fehlverhalten sagt Thomas von Aquin: »Gott wird nicht beleidigt, außer, daß wir gegen unser Wohl handeln.« Sünde als Vergehen gegen das eigene Wohl. Kommt man damit aus? Sind die meisten Christen so gebildet, daß sie ihrem Gewissen folgen können? Was muß getan werden, um Gewissensbildung voranzutreiben?
Die neuere theologische Forschung weist nach, daß es in der Sexualethik nicht die immer gleichbleibende Lehre der Kirche gibt. Geschichtliche Untersuchungen zeigen ein sehr differenziertes Bild der Lehrentwicklung mit Rückfällen, kleinen Fortschritten und manchen Unsicherheiten, die oft Jahrhunderte anhielten.
Wichtig ist: man muß kritisch sein gegen alle Modeströmungen, nicht gesellschaftlichem Druck und der Diktatur der öffentlichen Meinung folgen.

II. Aufgaben heutiger christlicher Sexualethik

Drei Aufgabengebiete ergeben sich aus der Situation heute:

1. Personalisierung

Die Publizität hat eine Mystifizierung des Sexualverkehrs mit sich gebracht. Das Pendel zwischen himmlisch und teuflisch muß in die Mitte gebracht werden. Sexualität ist etwas schlicht Menschliches, keine Bagatelle, aber auch nicht Mittelpunkt.

Sie nimmt teil an der Vorläufigkeit alles Irdischen und auch an der Zwiespältigkeit. Paulus umschreibt das mit Geist und Fleisch. Geist: die Sehnsucht nach Lebensfülle, Dauer, Weisheit, Liebe und Reinheit — Fleisch: die Sterblichkeit, Gebundenheit, Armut und Gehaltenheit des Menschlichen.
Eine gewisse Einsamkeit bleibt, solange wir leben. Erst in der Gemeinschaft Gottes wird das Problem zwischen Einsamkeit und Gemeinschaft gelöst.
Aus all diesen Erkenntnissen heraus soll ein Weg gefunden werden zu einer personalen Durchdringung.

2. Gestaltung des Weges zur Ehe

Im Vordergrund steht heute die Partnerschaft. Das Konzil hat diesen Weg gewiesen. Da die Praxis sich oft von den Normen entfernt, ist die Frage, wie die Vollform erreicht wird und was getan werden muß, daß mehr Christen reif dafür werden.
Eine »Vorehe«, eine »Probeehe«, eine Art Kümmerform im eigentlichen Sinn kann es nicht geben. Manche sprechen als Vorform von einer »Gewissensehe«. Aber bedarf es nicht gerade dafür einer besonderen Reife?
Kann man einen »Schutzraum für die Einübung zärtlicher Geborgenheit« empfehlen? Ist nicht die Gefahr, daß all das eine noch größere Einsamkeit, und wenn es mißlingt, noch größere Enttäuschung mit sich bringt?
Die Einsicht ist nötig, daß Wartenkönnen dazugehört wie das Verzichtenkönnen. Und auf seiten der Erwachsenen: Klugheit und Geduld. Jugendpsychologische Kenntnisse sind gefragt, wie auch die Einsicht, daß mit dem Holzhammer amtlicher Verfügungen meist nicht viel zu erreichen ist.

3. Humanisierung

Die einseitige Betonung der Sexualität ist eine Gefahr. Das war früher in den Anregungen zur Gewissenserforschung in unseren Gebetbüchern so (vergleiche den Katalog schwerer Sünde beim 6. und beim 8. Gebot), das beherrschte zu sehr das Beichtgespräch und das ist auch als Folge der Sexwelle im öffentlichen Bereich der Fall. Deshalb sollte alles darauf abzielen, eine rechte Einordnung zu finden und auf umfassende, eheliche Liebesfähigkeit hinzuarbeiten. Partnerschaft, humaner Vollzug, Verzicht auf Besitzansprüche und das Freisein von Verfallenheit gehören zu den wichtigen Elementen.

III. Unsere seelsorgliche Situation

Bei aller Berücksichtigung neuer Erkenntnisse im humanwissenschaftlichen Bereich bleiben einige Grundsätze unangetastet:
Voreheliche Verkehr ist unreif, weil der Wille zur dauernden Geschlechtsgemeinschaft fehlt und unklar ist. Ebenso sind Masturbation und Homosexualität unreif und unvollkommen.
Die Behandlung all dieser Fragen sollte mit einer gewissen Gelassenheit erfolgen. Nach der hl. Schrift hat Christus wenig über sexuelle Fragen gesprochen. Das ist sicher kein Zufall. So dürfen wir davon ausgehen, daß es im Bereich des Religiös-sittlichen wichtigere Probleme gibt (Wahrheit, Gerechtigkeit).

So können wir uns die pastoralen Ratschläge von Dr. A. Ziegler zu eigen machen:
»1. In Kauf nehmen, daß Kümmerformen auf dem Weg zur Reife bestehen. Sie sind nicht in Ordnung —

scheinen aber zur Entfaltung der Persönlichkeit nötig für den Einzelnen.

2. Solche Menschen weder unkritisch beruhigen — noch kritisch verurteilen, sondern menschlich akzeptieren. Ihnen helfen, sich selbst anzunehmen. Hoffnung auf spätere Reifung nicht aufgeben. Jedem die Möglichkeit zugestehen, daß er vor Gott gerechtfertigt dasteht.
3. Die Menschen priesterlich begleiten, indem wir ihnen die Liebe Christi verkünden. Und zwar dadurch, daß wir ihnen die Liebe exemplarisch vorzuleben suchen und zeichenhaft schenken (sakramental).
4. Deshalb weniger von der Sexualität reden, als von der Rücksichtnahme als Voraussetzung jeder menschlichen Begegnung. (Wehe, wer eines von diesen Kleinen ärgert ...) Geduld des Wartens als Bewährung der Liebe und der Treue bis in den Tod als Vollendung der Liebe.«

Im Letzten ist es die Aufgabe eines jeden Christen, das rechte Lieben zu lernen. Die Sehnsucht wird immer weiter gehen als die Erfüllung. Wir sollen danach streben, die Werke des Geistes zu erfüllen. Die Verwandlung in die neue österliche Wirklichkeit und das Leben im Angesicht Gottes, das wir erhoffen, bringen die Vollendung. Im dreifaltigen Gott sind die Probleme zwischen Einsamkeit und Gemeinschaft gelöst.